Jamie Walker
Gewaltfreier Umgang mit Konflikten in der Sekundarstufe I

Claudice Vieth

Jamie Walker

Gewaltfreier Umgang mit Konflikten in der Sekundarstufe I
Spiele und Übungen

For David

Cornelsen online http://www.cornelsen.de

Gedruckt auf chlorfrei gebleichtem Papier
ohne Dioxinbelastung der Gewässer

Deutsche Bibliothek – CIP-Einheitsaufnahme

Walker, Jamie:
Gewaltfreier Umgang mit Konflikten in der Sekundarstufe I:
Spiele und Übungen / Jamie Walker. – Frankfurt am Main:
Cornelsen Scriptor, 1995
    ISBN 3-589-21059-1

5.	4.	3.	Die letzten Ziffern bezeichnen
2000	99	98	Zahl und Jahr des Drucks.

Umschlaggestaltung: Vera Bauer, Berlin; unter Verwendung eines Plakats mit freundlicher Genehmigung von Quaker Peace and Service, London
Redaktion: Marion Clausen, Gleichen (Etzenborn)
Herstellung: Hans Reichert, Bad Soden
Satz: FROMM MediaDesign GmbH, Selters/Ts.
Druck und Bindung: Clausen & Bosse, Leck
Printed in Germany
ISBN 3-589-21059-1
Bestellnummer 210591

Inhalt

Vorbemerkungen

Dieses Buch ist unter anderem das Ergebnis des *Forschungsprojekts* „Gewalt und Konfliktlösung unter Kindern: Entwicklung eines pädagogischen Konzepts zur Überwindung gewaltförmiger Konfliktaustragung in der Grundschule". Das Projekt führte ich von Oktober 1988 bis Januar 1991 mit Unterstützung des Förderprogramms Frauenforschung der Berliner Senatsverwaltung für Frauen, Jugend und Familie in Zusammenarbeit mit Kolleginnen und Kollegen der Heinrich-Zille-Grundschule in Berlin-Kreuzberg durch. Teile dieses Buches wurden bereits beim Pädagogischen Zentrum Berlin (jetzt: Berliner Institut für Lehrerfort- und -weiterbildung und Schulentwicklung) veröffentlicht.

Das leidige Problem der *Ansprache beider Geschlechter* habe ich wie folgt gelöst: Da die Mehrzahl der Lehrkräfte in der Sekundarstufe I Frauen sind, spreche ich von „Lehrerinnen" und „Kolleginnen" und schließe damit Lehrer und Kollegen ein. Um Sprachverrenkungen zu vermeiden, benutze ich Begriffe wie „Schülerinnen", „Schüler", „jede" und „jeder" abwechselnd, meine aber immer auch das andere Geschlecht. Wenn das Geschlecht wichtig ist, schreibe ich von „Mädchen" und „Jungen". Die Namen der Kinder und Jugendlichen bei allen Konfliktbeispielen im Text wurden geändert.

An dieser Stelle möchte ich besonders folgenden Lehrerinnen und Lehrern der Heinrich-Zille-Grundschule danken, da nur ihr großes Interesse und Engagement die Durchführung des Projektes überhaupt ermöglichten: Jürgen Dreyer, Ruthild Großhennig, Alix Hölscher, Pauli Koller, Gerry Neumann, Manfred Neumann, Margret Piefke, Renate Schmidt, Anja Überrück-Duffke, Andrea-Maria Wolf und Volker Zwingert. Außerdem danke ich den Kindern, die mir durch ihre Aufgeschlossenheit, Begeisterung und ihre kritischen Fragen große Freude und Ermutigung brachten. Schließlich danke ich Klaus Matußek und Ursula Rieger vom Berliner Institut für Lehrerfort- und -weiterbildung und Schulentwicklung, sowie Jutta Hartmann, Ursula Mahnke und Hanns-Fred Rathenow von der TU Berlin und Christian Büttner für ihre Ermutigung und Unterstützung bei der Erstellung dieses Buches.

Für die Rückmeldung von praktischen Erfahrungen mit dem Programm wäre ich den Leserinnen und Lesern dankbar. Zuschriften bitte ich an den Verlag zu senden. Wer an Fortbildungsveranstaltungen zu Themen dieses Bandes interessiert ist, wende sich bitte gleich an die Autorin:
Jamie Walker, Lausitzer Str. 23, 10999 Berlin.

Jamie Walker

1. Einleitung

1.1 Das Problem

Konflikte im Klassenzimmer – wann finden sie mal nicht statt? Folgende Beispiele werden die meisten Lehrerinnen so oder ähnlich kennen:

6. Schuljahr: Eine Fachlehrerin fährt die Schüler in ihrer Klasse immer wieder an, macht ihnen zu ihrem Verhalten Vorwürfe, fühlt sich selber dabei unwohl und schafft den Unterrichtsstoff nicht.

7. Schuljahr (kurz vor Unterrichtsbeginn): Ein Junge fordert drei Mitschüler zum Spielen auf. Das Spiel wird wild: Ein weiterer Junge wird gegriffen und soll „geteilt" werden. Der Lehrer betritt den Klassenraum, unterbricht das Spiel und sagt den Jungen: „So etwas tut man nicht!" Der Junge, der das Spiel initiiert hat, versucht, den Lehrer zu provozieren, und weigert sich auch nach mehreren Aufforderungen, das Diktat mitzuschreiben.

8. Schuljahr: Die Klasse will einen Ausflug machen. Die Jugendlichen sollen ihre Fahrkarte am Tag vorher in die Schule mitbringen. Ein Mädchen hat keine Fahrkarte dabei. Die Lehrerin ermahnt sie, woraufhin sie Ausflüchte macht, z. B. „Ich hatte keine Zeit" (sie hat auch häufig sonst ihre Sachen nicht dabei). Als sie am nächsten Tag beim Ausflug immer noch ohne Fahrkarte ist und die Lehrerin bittet, eine für sie zu kaufen, weigert sich diese.

9. Schuljahr (Erdkundeunterricht): Die Jugendlichen wirken gelangweilt und unmotiviert. Ein Schüler öffnet das Fenster, ein anderer schließt es. Der erste öffnet es wieder, der zweite schließt es wieder. Die beiden geraten zunächst verbal aneinander (dem einen ist warm, dem anderen kalt). Erst als sie sich prügeln, fordert der Lehrer sie auf, ihre Streiterei zu beenden. Der erste Junge wird vom zweiten niedergezwungen, und beide setzen sich wieder hin.

Manchen Jugendlichen – hauptsächlich Jungen – scheint es egal zu sein, was sie bei anderen anrichten. Sie sind unreflektiert gewalttätig, schlagen bei jeder Kleinigkeit zu. Aus ihrem Zustand der allgemeinen Gereiztheit reagieren sie überempfindlich und provozieren Konflikte. Sie kämpfen nicht nach Regeln, sondern schlagen z. B. gleich massiv ins Gesicht. Manchmal bedrohen Schüler Mitschüler und Lehrkräfte mit Waffen.

In den letzten Jahren rückte das Problem Gewalt in der Schule immer mehr ins öffentliche Bewußtsein. Während die Experten die möglichen Ursachen und das tatsächliche Ausmaß des Problems erforschen, sind Lehrerinnen, Schulleiterinnen und Schulpsychologinnen mit den konkreten Konflikten im Schulalltag konfrontiert und stehen unter Handlungsdruck. Manche registrieren eine zunehmende Gewaltbereitschaft bei Kindern und Jugendlichen. Andere meinen, es gäbe nicht mehr Konflikte als früher, aber die Konflikte würden brutaler ausgetragen. Ob gewalttätige Auseinandersetzungen in der Schule objektiv zunehmen oder lediglich die Sensibilisierung für dieses Phänomen steigt, Pädagogen und Eltern fühlen sich angesichts der Probleme zunehmend hilflos und suchen nach praktischen Konzepten der Gewaltintervention und -prävention. Sie wollen in Konflikte eingreifen, Opfern und Tätern helfen und langfristig Jugendliche in die Lage versetzen, Konflikte ohne Gewalt auszutragen.

Jugendliche erleben Gewalt in vielfältigen Zusammenhängen, z. B. durch die Medien und im persönlichen Umgang. In den Medien erfahren sie von der realen Gewalt gesellschaftlicher und kriegerischer Auseinandersetzungen und von der imaginären Gewalt in Comics und Krimis. Die Lehre bei beiden ist gleich: „Der Stärkere setzt sich durch". Auch im persönlichen Umgang, ob in der Familie, beim Spiel oder im Straßenverkehr, bekommen Jugendliche als Betroffene und als Zeugen häufig den Eindruck, Gewalt sei ein akzeptables und vor allem effektives Mittel der Konfliktaustragung. Damit werden aufgrund der geschlechtsspezifischen Vorbilder besonders Jungen unter Druck gesetzt, sich zu beweisen und bei Auseinandersetzungen keine Schwäche zu zeigen (auch wenn sie diese fühlen). Es ist kein Zufall, daß die vielbeklagte „Jugendgewalt" meistens von Jungen ausgeht.

Aber auch die Schule vermittelt die Botschaft: „Der Stärkere setzt sich durch". Sie trägt indirekt zur Gewalttätigkeit bei, indem sie z. B. Schüler unter starken Leistungsdruck setzt und zu hohe (oder zu niedrige) Anforderungen an sie stellt. Statt die kleinen Fortschritte von Jugendlichen wahrzunehmen und anzuerkennen, leben manche Lehrerinnen ihre Aggressionen unterschwellig an den Jugendlichen aus. Auch dadurch, daß sie Gewalttätigkeiten unter Jugendlichen nicht immer unterbinden, vermitteln Lehrerinnen eine Akzeptanz solcher Verhaltensweisen.

In der gegenwärtigen Diskussion ist häufig die Rede von *„amerikanischen Verhältnissen"*. Darunter stellt man sich eine „bis an die Zähne" bewaffnete Schülerschaft sowie Schulen vor, deren Eingänge von Polizisten oder Wachpersonal kontrolliert werden. In manchen Städten der USA sind solche Horrorszenen tatsächlich anzutreffen, aber es existiert dort auch eine weitverbreitete pädagogische Bewegung zur Vermittlung gewaltfreier oder konstruktiver Konfliktaustragung. In den letzten 15 Jahren wurden zahllose Projekte durchgeführt, Bücher und Unterrichtsmaterialien zu diesem Thema veröffentlicht. Viele der darin beschriebenen Konzepte, wie z. B. „conflict resolution" und „mediation" (eine Methode der Vermittlung in Konflikten), haben einen breiten

Anklang in den öffentlichen Schulen gefunden. Inzwischen existieren ähnliche Programme in anderen englischsprachigen Ländern. Eines der ersten Projekte war das „Children's Creative Response to Conflict"-Programm, das Mitte der 70er Jahre von Quäkerinnen in New York gegründet wurde und meiner eigenen Konzeption zugrunde liegt. Ähnliche Ansätze und Literatur gibt es hierzulande zu den Themen „Interaktionsspiel", „Soziales Lernen" und „Friedenserziehung".

Das hier vorgestellte Konzept ist also nicht etwas grundlegend Neues. Neu ist allerdings die *systematische Umsetzung zur Vorbeugung gegen Gewalt* im Klassenzimmer. Damit werden keine „Patentrezepte" – wie sich vielleicht manche erhoffen –, sondern konkrete Anregungen für den pädagogischen Alltag angeboten, die zu einer Verminderung der Aggression im Klassenzimmer führen sollen. Das erfordert allerdings harte und konstruktive Arbeit seitens der Lehrerinnen und der Jugendlichen.

1.2 Das Projekt

Im Rahmen einer europäischen Studie zur „Gewalt und Konfliktlösung in Schulen" (Walker, 1989) sowie im Rahmen von Projekttagen an Schulen und Seminaren der Lehreraus- und -fortbildung beschäftige ich mich seit vielen Jahren mit der Frage, wie die Schule Kinder und Jugendliche zur Konfliktfähigkeit erziehen kann. In diesem Buch gebe ich einige meiner Beobachtungen und Erfahrungen mit einem *praktischen pädagogischen Konzept* zur Vermittlung gewaltfreier Konfliktlösungsstrategien weiter. Dieses Konzept entwickelte und erprobte ich in Zusammenarbeit mit Kolleginnen einer Berliner Grundschule. Im folgenden möchte ich Ihnen einige Hintergrundinformationen über das Projekt und seinen Ablauf vermitteln.

Die *Heinrich-Zille-Grundschule* liegt in Berlin-Kreuzberg, dem am dichtesten besiedelten Bezirk Berlins. Soziale Probleme, aber auch ein innovativer Geist, ein buntes Durcheinander bestimmen den Kreuzberger Alltag. Etwa ein Drittel der Schülerschaft der Zille-Schule sind ausländische Kinder, die meisten türkischer Herkunft. Die Berliner Grundschule ist sechsjährig.

Die Teilnahme der Lehrkräfte am Projekt war freiwillig. Ich arbeitete kontinuierlich über einen Zeitraum von sieben bzw. neun Monaten u.a. in einer 5. und zwei 6. Klassen. Eine der 6. Klassen war eine sog. „Ausländerregelklasse"; die Schülerinnen dieser Klasse kamen alle aus der Türkei stammenden Familien. Die Kinder und Jugendlichen nannten die Konfliktarbeit von Anfang an „Spielstunde". (Für die Sekundarstufe muß vermutlich ein anderer Begriff verwendet werden.) Die Spielstunden fanden ein- bis zweimal in der Woche im Rahmen des regulären Unterrichts statt. Die Vorbereitung, Durchführung und Auswertung der einzelnen Spielstunden erfolgte in Absprache mit der jeweiligen Lehrerin. Die genaue Gestaltung der Stunden hing weitgehend von der Entwicklungsstufe der Klasse und der Fähigkeit und Bereitschaft der einzelnen Kinder und Jugendlichen ab, sich als Gruppe zu verstehen und als Gruppe zu handeln. Viele Spiele und Übungen entwickelten bzw. änderten wir erst aus der Situation heraus. Die Eltern wurden über unsere Arbeit informiert und erfuhren immer wieder durch die Schüler, was wir machten.

An dieser Stelle eine persönliche Bemerkung: Im Laufe meiner Arbeit an der Zille-Schule fühlte ich mich als Erwachsenenbildnerin manchmal überfordert. Ich war froh, wenn ich die Stunden einigermaßen überstand, selbst wenn ich meine sorgfältig ausgearbeiteten Lernziele nur zum Teil umsetzen konnte. Die Arbeit in den 6. Klassen fand ich aufgrund der ständigen Unruhe besonders anstrengend. Trotzdem war es eine wichtige Erfahrung. Die Spielstunden haben bei manchen Kindern und Jugendlichen das erreicht, was sie sollten, bei anderen nicht. Es ist ein pädagogisches Konzept wie jedes andere: Es kann effektiv sein, wenn es flexibel gehandhabt und umgesetzt wird, stellt aber kein Allheilmittel dar.

Die *interventiven* Elemente des vorliegenden Konzepts werden im Kapitel 3 vorgestellt. Das Konzept versteht sich aber weitgehend als *präventiv*. Durch die Vermittlung von sozialen Fähigkeiten sollen die Jugendlichen lernen, Konflikte konstruktiv und gewaltfrei auszutragen. Das Konzept kann für die Bewältigung von Alltagsproblemen in der Schule wichtige Impulse geben. Schwerwiegende Probleme einzelner Jugendlicher oder Lehrerinnen können damit nicht gelöst werden. Hier verweise ich die Leserinnen an andere bekannte Möglichkeiten wie sozialpädagogische und psychologische Maßnahmen, kollegiale Beratung, Supervision und Balint-Gruppen. Da viele Lehrerinnen sich als „Einzelkämpfer" fühlen und dementsprechend handeln, möchte ich Sie ermutigen, mit Ihren Kolleginnen in einen Dialog über Konflikte in der Schule zu treten.

1.3 Typische Konflikte im Klassenzimmer

Die folgende Systematisierung basiert vor allem auf Lehrerinterviews und meinen eigenen Beobachtungen und Erfahrungen in der Schule. Grundsätzlich unterscheide ich zwischen Konflikten unter Jugendlichen und Konflikten zwischen Jugendlichen und Lehrerinnen. Anschließend stelle ich Fragen zur Klärung der Konflikte in der eigenen Klasse vor.

Konflikte unter Jugendlichen

Ein Großteil der Konflikte unter Jugendlichen basiert auf der allgemeinen Gereiztheit bzw. der Unfähigkeit, Spannungen auszuhalten, ohne unmittelbar bzw. aggressiv darauf zu reagieren. Viele der Konflikte dauern nur sehr kurz an, stören aber trotzdem den Verlauf einer Unterrichtsstunde. Häufig ist unklar, wer an einem Streit beteiligt ist und worum es wirklich geht, z. B. ob ein alter Streit neu entflammt ist. Viele Konflikte werden nicht gelöst. Häufige Auslöser für Konflikte sind:

❏ Sachen von einem anderen benutzen oder wegnehmen, ohne zu fragen,
❏ einen anderen Jugendlichen aus Versehen stoßen oder berühren,
❏ sich gegenseitig „nerven",
❏ sich gezielt weh tun,
❏ andere nicht in Ruhe lassen,
❏ sich über andere lustig machen.

Die Reaktionen darauf hängen vom Alter und Geschlecht der Jugendlichen sowie von der Schulart ab. Während Fünf- oder Sechsklä̈ler sich anschreien und womöglich verprügeln, sind bei Auseinandersetzungen unter älteren Jugendlichen an Gesamt- und Hauptschulen manchmal Waffen im Einsatz. An Gymnasien werden Aggressionen eher unterschwellig ausgelebt, z. B. durch Konkurrenz oder die Verbreitung von Gerüchten. Aggressive Reaktionen ziehen oft weitere verbale oder physische Aggressionen nach sich. Das Verhalten von Jugendlichen, die andere absichtlich verletzen, macht die Lehrerinnen besonders betroffen bzw. hilflos, da Appelle an die Vernunft oder das Mitgefühl wenig zu bewirken scheinen. Manche Jugendliche sind der Meinung, sie hätten das Recht, anderen Unannehmlichkeiten zuzufügen oder andere sogar zu verletzen, wenn sie in dem von ihnen beanspruchten Freiraum beeinträchtigt werden.

Jungen in den unteren Klassen der Sekundarstufe neigen zu einer offeneren, d. h. körperlich aggressiveren Konfliktaustragung als Mädchen. Bei Konflikten unter Jungen geht es meistens um die Herstellung oder Betätigung einer „Hackordnung": Die körperlich stärkeren Jungen haben mehr Macht als die schwächeren und dürfen – zumindest innerhalb der Jungengruppe – mehr bestimmen. Später sind andere Faktoren für die Bestimmung der Hackordnung bestimmend, z. B. Zensuren.

Mädchen neigen zu einer verbalen Konfliktaustragung. Sie scheinen weniger Konflikte miteinander zu haben als die Jungen. Wenn sie sich körperlich auseinandersetzen, tun sie es meistens in einer kontrollierteren Art und Weise als die Jungen. Aggressionen unter Mädchen äußern sich oft indirekt, z. B. durch Aufkündigung einer Freundschaft, „böse Blicke" oder Ausschluß aus der Gruppe. Solche Erscheinungen werden zwar weniger häufig von Lehrkräften wahrgenommen, weil sie das Klassengeschehen weniger stören, wirken aber genauso verletzend wie die Schläge der Jungen.

Bei Konflikten zwischen Mädchen und Jungen sind es meistens die Jungen, die die Mädchen angreifen. Diese Angriffe sind häufig sexueller Art, d. h. die Jungen machen sexuelle Anspielungen oder begrapschen die Mädchen. Die Mädchen wehren sich in der Regel verbal oder überhaupt nicht. Sie haben manchmal Angst vor den Übergriffen der Jungen, obwohl sie nicht unbedingt körperlich schwächer sind. Jugendliche sind dabei, ihre Sexualität zu entdecken. Konflikte stellen für sie eine Möglichkeit der Kontaktaufnahme bzw. Kontaktpflege dar.

Lehrerinnen beschäftigen sich in der Regel wesentlich intensiver mit dem Konfliktverhalten der Jungen als mit dem der Mädchen, was einer indirekten Anerkennung für aggresssives Verhalten gleichkommt. Positives Konfliktverhalten von Mädchen dagegen wird häufig übersehen bzw. nicht ausdrücklich gelobt, obwohl es den Alltag der Lehrerin erheblich erleichtert.

Konflikte zwischen Lehrerinnen und Jugendlichen

Lehrerinnen fühlen sich durch eine allgemeine Unruhe im Klassenzimmer häufig gestört. Sie brauchen viel Zeit und Energie, um genug Ruhe und Ordnung herzustellen, damit im Klassenraum gearbeitet werden kann. Hierzu verwenden sie verschiedene Strategien wie Ermahnen, Drohen, Warten. Ein Grundkonflikt ergibt sich aus der Tatsache, daß Lehrerinnen Anweisungen geben, die von den Jugendlichen nicht oder nur unzureichend erfüllt werden. Die Toleranz der Lehrkräfte ist dabei individuell sehr unterschiedlich. Für Lehrerinnen, die einerseits für die Jugendlichen klare Grenzen setzen, andererseits aber bereit sind, auf alternative Vorschläge einzugehen, ist dieser Konflikt weniger schwerwiegend.

Das Geschlecht der Lehrkraft spielt bei Konflikten im Klassenzimmer eine große Rolle. Die Autorität von Frauen wird von Jungen häufig in Frage gestellt. Weibliche Lehrkräfte wissen meist nicht, wie sie auf sexuelle Beschimpfungen und Angriffe reagieren sollen. Es verunsichert sie, daß sie als Frauen und nicht als Lehrerinnen angesprochen werden. Es kommt auch vor, daß sie ihren Schülern (Jungen) in den oberen Klassen körperlich unterlegen sind, was in bedrohlichen Situationen zu einer Verstärkung ihrer Verunsicherung führt. Frauen sind meist eher als Männer bereit, über ihre Probleme in der Schule zu sprechen bzw. ihr eigenes Verhalten zu hinterfragen.

Die Fähigkeit der Lehrerinnen und Schüler, Konflikte zu einer positiven Erfahrung zu machen und konstruktive Lösungen zu finden, hängt im wesentlichen davon ab, inwieweit ein Vertrauensverhältnis in der Klasse besteht. Die Lehrerin sollte sich die Zeit nehmen, ein solches Vertrauensverhältnis zu und unter den Jugendlichen aufzubauen und aufrechtzuerhalten. Das ist in der Sekundarstufe besonders schwierig, da der Stundenplan meistens nicht flexibel ist und die Fachlehrerinnen die Klasse nicht gut genug kennen.

Aggressives Verhalten seitens der Lehrerinnen kann in einer Konfliktsituation kurzfristig eskalierend oder deeskalierend wirken. Das gleiche gilt für abwartendes Verhalten. Beides ist häufig ein Ausdruck der Hilflosigkeit.

1.4 Fragen zur Klärung von Konflikten in der Klasse

Die folgenden Fragen dienen einer ausführlichen *Bestandsaufnahme des Konfliktpotentials* in der eigenen Klasse. Angesprochen werden Konflikte unter Jugendlichen, Konflikte zwischen Jugendlichen und Lehrerinnen, Konflikte der Lehrerin mit sich selbst sowie Konflikte im Kollegium und mit der Schulleitung. Es handelt sich um manifeste und um latente Konflikte und um ihre möglichen Zusammenhänge. Besondere Aufmerksamkeit widme ich sowohl der geschlechtsspezifischen als auch der kulturellen Dimension, da beide besondere Hinweise auf Konfliktmuster und folglich auf ihre mögliche Aufarbeitung geben können. Dabei ist es nicht meine Absicht, evtl. vorhandene Vorurteile zu bestätigen. Die Grenzen zwischen „deutsch" und „ausländisch" sind häufig unklar, denn welchem Kulturkreis gehört beispielsweise ein Mädchen mit einer kurdischen Mutter und einem deutschen Vater an? Hinter dem Terminus „ausländisch" verbergen sich eine Vielzahl unterschiedlicher Sprachen und Kulturen. Insgesamt soll der Blick auf das eigene Konfliktverhalten und das der Jugendlichen geschärft werden, um eine möglichst zielgerichtete Umsetzung der Spiele und Übungen zum Thema „Gewaltfreie Konfliktaustragung" zu erreichen. Manche Fragen werden in Kapitel 4 wieder aufgegriffen und vertieft.

Es gibt verschiedene Möglichkeiten zum Umgang mit dem Fragenkatalog. Ein rasches Durchlesen der Fragen dient dem gesteckten Ziel gewiß nicht. Vielmehr sollte sich jeder die Zeit nehmen, die Fragen erst einmal für sich alleine (schriftlich) zu beantworten. Anschließend können die Antworten im Team oder in einer Arbeitsgruppe besprochen werden. Das ermöglicht einen intensiven Austausch über einzelne Klassen, einzelne Jugendliche, über das eigene Konfliktverhalten und das der Kolleginnen. Gefordert hierbei ist ein gewisses Maß an Offenheit und Ehrlichkeit sowie die Bereitschaft, Kritik zu üben und anzunehmen. Dieser Prozeß sollte vertrauensfördernd wirken, setzt aber auch schon ein Minimum an Vertrauen voraus.

Konflikte unter Jugendlichen

1. Wie ist die Grundstimmung in der Klasse (z. B. freundlich, gleichgültig, aggressiv)?

2. Welche Konflikte kommen unter den Jugendlichen während des Unterrichts und in den Pausen häufig vor? Wie werden die Konflikte ausgetragen?

3. Gibt es bestimmte Jugendliche, die immer wieder in Konflikte verwickelt werden, ob als Initiatoren oder Betroffene? Welche? Sind es eher Mädchen oder Jungen, ausländische oder deutsche Kinder? Haben Sie dafür eine Erklärung?

4. Welche Jugendlichen stören den Unterricht oder die anderen Jugendlichen beim Spielen? Welche nicht? Sind es eher Mädchen oder Jungen, ausländische oder deutsche Jugendliche? Haben Sie dafür eine Erklärung?

5. Gibt es Jugendliche, die überhaupt nicht in der Lage sind, sich beim Streit zu wehren? Welche? Sind es eher Mädchen oder Jungen, ausländische oder deutsche Schüler? Was sind die Konsequenzen dieser Unfähigkeit? Wie könnten Sie diese Jugendlichen unterstützen?

6. Welche Schülerinnen zeigen positives Konfliktverhalten (lassen sich beispielsweise von anderen nicht provozieren)? Werden diese Jugendlichen vor den anderen dafür gelobt?

7. Worüber streiten sich Mädchen untereinander? Wie tragen sie ihre Konflikte aus? Inwieweit wird das Klassengeschehen dadurch gestört?

8. Worüber streiten sich Jungen untereinander? Wie tragen sie ihre Konflikte aus? Inwieweit wird das Klassengeschehen dadurch gestört? Nimmt der Streit unter Jungen eher mehr oder weniger Aufmerksamkeit in Anspruch als der Streit unter Mädchen?

9. Worüber streiten sich Mädchen mit Jungen? Von wem geht der Streit meistens aus? Wie wird er ausgetragen? Inwieweit stört er das Klassengeschehen?

10. Reagieren Sie unterschiedlich auf Mädchen und Jungen in Konfliktsituationen? Und wenn ja: wie? Welche Auswirkungen hat das auf das Verhalten der Jugendlichen? Gibt es bestimmte Verhaltensweisen, die Sie bei Mädchen oder Jungen besonders stören? Wie gehen Sie damit um?

11. Worüber streiten sich ausländische Jugendliche untereinander (Mädchen mit Mädchen, Jungen mit Jungen und Mädchen mit Jungen)? Von wem geht der Streit meistens aus? Wird er anders ausgetragen als der zwischen deutschen Jugendlichen? Und wenn ja: wie? Greifen Sie anders ein? Inwieweit wird das Klassengeschehen durch den Streit gestört?

12. Worüber streiten sich ausländische mit deutschen Jugendlichen? (Weitere Fragen analog zu 11.)

13. Auf welche Konflikte unter Jugendlichen reagieren Sie empfindlich? Welche finden Sie nicht so schlimm?

14. Haben Sie eine bestimmte Strategie zum Umgang mit Konflikten unter den Jugendlichen (z. B. ignorieren oder erst eingreifen, wenn jemand verletzt wird)? Oder reagieren Sie eher spontan? Wie sieht die Strategie aus? Sind Sie damit zufrieden?

15. Gibt es Schülerinnen, die Sie weniger gut leiden können? Womit hängt diese Abneigung zusammen? Was machen Sie, wenn diese Schülerinnen in Konflikte verwickelt sind?

16. Gibt es Schüler, von denen Sie vermutlich nicht gemocht werden? Was meinen Sie, womit diese Abneigung zusammenhängt? Was machen Sie, wenn diese Schüler in Konflikte verwickelt sind?

17. Was möchten Sie realistischerweise am Konfliktverhalten welcher Jugendlichen ändern? Wie könnten Sie damit anfangen? Wer könnte Sie dabei unterstützen?

Konflikte zwischen Jugendlichen und Lehrpersonen

1. Wie würden Sie das Verhältnis zwischen Ihnen und der Klasse kennzeichnen (z. B. herzlich, verständnisvoll, offen, kühl, distanziert, feindselig)?

2. Wie kommen Sie im allgemeinen mit den Jugendlichen aus?

3. Welche Konflikte kommen zwischen Ihnen und den Schülerinnen häufig vor? Welche zwischen Ihnen und der Klasse insgesamt? Welche zwischen Ihnen und einzelnen Schülern? Von wem gehen die Konflikte meistens aus?

4. Gibt es bestimmte Jugendliche, mit denen Sie besonders viele Konflikte haben? Haben Sie dafür eine Erklärung?

5. Worüber streiten Sie sich mit Mädchen? Wie sieht der Streit aus? Inwieweit stört er das Klassengeschehen bzw. die anderen Jugendlichen?

6. Worüber streiten Sie sich mit Jungen? Wie sieht der Streit aus? Inwieweit stört er das Klassengeschehen bzw. die anderen Jugendlichen? Nimmt er eher mehr oder weniger Zeit in Anspruch im Vergleich zu dem Streit mit Mädchen?

7. Worüber streiten Sie sich mit ausländischen Jugendlichen? Gibt es einen Unterschied zwischen dem Streit mit ausländischen Mädchen und dem mit ausländischen Jungen? Welchen? Inwieweit läuft der Streit anders ab als der zwischen Ihnen und deutschen Jugendlichen? Stört er das Klassengeschehen bzw. die anderen?

8. Gibt es grundlegende Unstimmigkeiten zwischen Ihnen und der Klasse oder zwischen Ihnen und einzelnen Schülern, die immer wieder zu Konflikten führen? Worum geht es bei den Unstimmigkeiten?

9. In welchen Situationen werden Sie aggressiv? In welchen ziehen Sie sich zurück? Inwieweit sind diese Verhaltensweisen angebracht, und inwieweit basieren sie auf Hilflosigkeit? Erreichen Sie damit das, was Sie beabsichtigen?

10. Wie gehen Sie mit Konflikten zwischen sich selbst und den Jugendlichen um? Fühlen Sie sich dabei wohl?

11. Was möchten Sie realistischerweise an Ihrem eigenen Konfliktverhalten ändern? Wie könnten Sie damit anfangen? Wer könnte Sie dabei unterstützen?

Konflikte der Lehrperson mit sich selbst

1. Sind Sie im allgemeinen mit sich selbst als Lehrerin zufrieden?

2. Was machen Sie gut?

3. Was machen Sie nicht so gut, bzw. was möchten Sie anders machen?

4. Inwieweit wirken sich Ihre persönlichen Probleme auf das Unterrichtsverhalten aus? Was könnten sie tun, um negative Auswirkungen zu vermeiden?

Konflikte im Kollegium und mit der Schulleitung

1. Wie ist die Grundstimmung im Kollegium? Werden Probleme (miteinander, mit den Jugendlichen) offen besprochen? Woran liegt es, wenn das nicht geschieht?

2. Mit welchen Kolleginnen können Sie über schulische Probleme reden? Bekommen Sie von ihnen eine Hilfestellung? Gibt es Kolleginnen, die mit Problemen zu Ihnen kommen?

3. Welche Konflikte haben Sie mit anderen Kolleginnen? Wie tragen Sie die aus (z. B. direkt ansprechen, mit anderen Kolleginnen darüber reden)? Sind Sie damit zufrieden?

4. Wie verstehen Sie sich mit der Schulleitung? Können Sie Probleme offen ansprechen? Wie ist die Reaktion darauf?

5. Wie ist das Verhältnis zwischen Kollegium und Schulleitung im allgemeinen (z. B. kooperativ, gleichgültig, distanziert, feindselig)? Wie wirkt sich das auf die Stimmung im Kollegium aus?

6. Wenn Sie im Team arbeiten: Wie ist das Verhältnis unter den Kolleginnen im Team (kooperativ, jeder macht ein eigenes Programm, schlechte Absprachen, nur einer setzt sich durch)? Inwieweit wirkt sich das auf die Klasse aus? Können Sie Schwierigkeiten offen ansprechen? Woran liegt das?

7. Wenn Sie Klassenlehrerin sind: Wie ist das Verhältnis zwischen Ihnen und den Fachlehrerinnen der Klasse (kooperativ, jeder macht ein eigenes Programm, schlechte Absprachen)? Inwieweit wirkt sich das auf die Klasse aus? Wie könnte das Verhältnis verbessert werden?

8. Wenn Sie Fachlehrerin sind: Wie ist das Verhältnis zu den Klassenlehrerinnen (kooperativ, jeder macht ein eigenes Programm, schlechte Absprachen)? Inwieweit wirkt sich das auf Ihren Unterricht aus? Wie könnte das Verhältnis verbessert werden?

2. Grundlagen und didaktisches Konzept

2.1 Grundlagen einer gewaltfreien Konfliktaustragung

Begriffserklärungen

Gewaltfreiheit ist ein Prinzip, nach dem die Anwendung von Gewalt in jeglicher Form – sei es auf der persönlichen, sozialen oder politischen Ebene – abgelehnt wird. Für Befürworter der Gewaltfreiheit ist Gewalt kein akzeptables Mittel der Konfliktaustragung. Sie versuchen, bei der Austragung und Lösung von Konflikten nicht-gewaltsame Handlungsweisen zu entwickeln. Darüber hinaus bemühen sie sich, Strukturen zu verändern, die zu Gewalt führen bzw. von denen Gewalt ausgeht.

Hurrelmann definiert *Gewalt in der Schule* als „das gesamte Spektrum von Tätigkeiten und Handlungen, die physische und psychische Schmerzen oder Verletzungen bei den im Bereich der Schule handelnden Personen zur Folge haben oder die auf die Beschädigung von Gegenständen im schulischen Raum gerichtet sind" (Hurrelmann 1990, S. 365). Galtung erweitert diese Definition um den Begriff der *strukturellen* Gewalt. Strukturelle Gewalt drückt sich in sozialen Ungerechtigkeiten aus, die Menschen an der Entfaltung ihrer potentiellen Entwicklungsmöglichkeiten hindern (Galtung 1975).

Einen *sozialen Konflikt* sieht Glasl als eine Interaktion zwischen zwei oder mehreren Einzelpersonen, Gruppen oder Organisationen, bei der mindestens eine Seite Unvereinbarkeiten in Gedanken, Gefühls- oder Willensleben erlebt. Entscheidend dabei ist, daß mindestens eine Seite sich durch die andere daran gehindert sieht, seine Vorstellungen, Gefühle oder Absichten durchzusetzen (Glasl 1990, S. 14 f.).

Ein Konflikt kann – aber muß nicht – mit Gewalt ausgetragen werden. Auf der zwischenmenschlichen Ebene suchen gewaltfreie „Konfliktpartner" nach Lösungen, die es beiden Seiten ermöglichen, ihre Wünsche und Bedürfnisse zu befriedigen. Gewaltfreiheit ist nicht Passivität. Konflikte sollen nicht vermieden, sondern bewußt, konstruktiv und phantasievoll geregelt werden. Die Bedingungen hierfür sind:

- die Schaffung einer vertrauensvollen Atmosphäre, in der der persönliche Wert eines jeden Individuums respektiert wird, ungeachtet seines sozialen, kulturellen (auch religiösen, rassischen) oder familiären Hintergrundes und seines Geschlechts;

- der Wunsch und die Fähigkeit, sich einander mitzuteilen;

- der Wunsch und die Fähigkeit, kritisch zu denken und zusammen auf eine gemeinsame Lösung des Problems hinzuarbeiten.

Das Ziel der *gewaltfreien Konfliktaustragung* ist es, eine Lösung zu finden, bei der im Idealfall beide Parteien „gewinnen": Statt gegeneinander zu kämpfen, gehen die Beteiligten gemeinsam gegen das Problem an und versuchen, zu einer Übereinkunft zu kommen, die ihre Beziehung bereichern statt schädigen wird. Wenn Konflikte so verstanden werden, können sie als Chance und nicht als Bedrohung begriffen werden. Es wird aber nicht immer möglich sein, Lösungen zu finden, bei denen beide Parteien profitieren, besonders wenn die Macht innerhalb der Beziehung ungerecht verteilt ist oder wenn eine Seite sich weigert, das Problem bzw. ihren Anteil daran anzuerkennen. Dennoch ergeben sich die meisten persönlichen Konflikte durch die Tatsache, daß Menschen zusammen leben, arbeiten oder ihre Freizeit verbringen, und die Betroffenen haben ein Interesse an einer funktionierenden Beziehung.

Erschwerend wirkt sich in der Klassensituation die Tatsache aus, daß wir es mit einer unfreiwilligen Gemeinschaft zu tun haben. Im Gegensatz etwa zu Freundschaftsbeziehungen suchen sich Schülerinnen weder ihre Klassenkameraden noch ihre Lehrerinnen aus, und auch die Lehrerin hat sich häufig nicht gerade diese Klasse gewünscht. Trotzdem müssen alle miteinander auskommen – und das über einen längeren Zeitraum hinweg. Konflikte ergeben sich daraus beinahe zwangsläufig.

Unverzichtbare Voraussetzungen

Im folgenden stelle ich sieben Voraussetzungen für eine Konfliktaustragung vor und zeige ihre Relevanz für die Schule auf.

1. Achtung vor sich selbst und anderen

Die Methode der gewaltfreien Konfliktaustragung geht davon aus, daß *in jedem Menschen etwas Positives* steckt, das ans Licht gebracht werden soll. Ein Kind mit einem negativen Selbstbild, das die erforderliche positive Zuwendung zu Hause nicht bekommt, verhält sich im Schulalltag häufig auffällig. Störendes Verhalten ist oft ein Versuch, auf sich aufmerksam zu machen, da auch „negative Aufmerksamkeit" (z. B. Ermahnungen der Lehrerin) für den Schüler eine gewisse Bestätigung darstellt. (Dieses Verhalten ist typisch für Jungen, während Mädchen mit einem negativen Selbstbild sich eher dem Unterricht und dem Klassengeschehen entziehen und deswegen oft übergangen werden.)

Ein Schüler mit einem positiven Selbstbild kann sich besser auf das Lernen konzentrieren und den Unterricht besser verfolgen. Selbstverständlich kann die Schule nicht alles aufwiegen, was im Elternhaus, im sozialen Umfeld oder in der Grundschule falsch gemacht wurde. Da Jugendliche außerdem unterschiedlich intelligent bzw. begabt sind, gilt es, die Stärken einer jeden Schülerin festzustellen und dafür zu sorgen, daß diese Stärken von den anderen Jugendlichen wahrgenommen und anerkannt werden.

2. Bereitschaft zum Zuhören und zum Verständnis

Ohne die Fähigkeit und Bereitschaft, die eigenen Meinungen und Gefühle offen auszudrücken und denen anderer verständnisvoll zuzuhören, können in Konfliktsituationen keine konstruktiven oder phantasievollen Lösungen erarbeitet werden. „Zuhören" bedeutet nicht nur, den Mund zu halten, wenn jemand anderer spricht. Statt wirklich zu versuchen, die Probleme von Jugendlichen und die damit verbundenen Gefühle zu verstehen, d. h. nicht nur auf die Worte, sondern auch auf die Bedeutungen dahinter zu achten, ziehen Lehrerinnen häufig vorschnell eigene Schlußfolgerungen und bieten eigene Lösungen an. Irrtümlich nimmt man besonders in Konfliktsituationen an, daß Zuhören übereinstimmung impliziert. Wer aber mit seinen eigenen Gedanken beschäftigt ist, um sie im Anschluß als „Waffen" einzusetzen, kann dem anderen nicht wirklich zuhören. Wer dagegen der anschließenden ungeteilten Aufmerksamkeit seines Gegenübers sicher ist, kann es sich leisten, sich auf die Äußerungen des anderen zu konzentrieren. Wie jeder andere Aspekt der Konfliktaustragung ist Zuhören eine Übung in gegenseitigem Verständnis – eine, die immer wieder eingeübt werden muß, wenn man sie beherrschen will.

3. Einfühlungsvermögen

Hier geht es darum, Verständnis gegenüber einer Person und den Gründen für besondere Haltungen und Verhaltensweisen zu wecken. Jeder Jugendliche nimmt in seinem Leben verschiedene Rollen ein: Tochter/Sohn, Schwester/Bruder, Schülerin/Schüler, Mitglied einer Arbeitsgemeinschaft oder eines Vereins. Wie unterschiedlich wird es von anderen in diesen Rollen wahrgenommen? Welche Eigenschaften und Fähigkeiten schätzen die Jugendlichen bei Eltern, Lehrkräften, Mitschülerinnen, Freunden? Was bedeutet Freundschaft, und wie können Jugendliche auf Menschen Rücksicht nehmen, die sie nicht mögen? Das sind Fragen, die im Rahmen der Erziehung zur Konfliktfähigkeit besprochen werden müssen.

4. Selbstbehauptung

Sich gewaltfrei zu behaupten bzw. durchzusetzen bedeutet, weder passiv noch aggressiv zu sein. Gewaltfreie Selbstbehauptung heißt, *eigene Bedürfnisse und Wünsche durchsetzen zu können, ohne anderen dabei zu schaden.* In der Klasse sollte überlegt werden, was Durchsetzungsfähigkeit bedeutet bzw. wie sie sich unterscheidet von Aggressivität oder Passivität. Wie kann man sich am besten für die eigenen Rechte einsetzen? Was sind die Auswirkungen, wenn eine Schülerin andere bedroht (sich aggressiv verhält) oder ihre Wünsche nicht ausreichend artikuliert (sich passiv verhält)? Wie kann man die eigenen Bedürfnisse und Wünsche und die anderer erkennen? Ist es möglich, beides gleichzeitig zu befriedigen? Welche Rolle spielen Macht oder Angst in Beziehungen? Schüler können über ihre positiven und negativen Erfahrungen bei der Durchsetzung der eigenen Rechte erzählen und konstruktive Strategien in Rollenspielen einüben.

Das Thema „Selbstbehauptung" ist m. E. besonders für Mädchen wichtig. Mit Beginn der Pubertät scheinen Mädchen sich zunehmend aus dem Klassengeschehen zurückzuziehen. Viele orientieren sich am Verhalten der Jungen und artikulieren immer weniger selbständige Bedürfnisse, Wünsche und Interessen. Auch wenn sie diese artikulieren können, sind sie häufig nicht in der Lage, sie durchzusetzen. Ich empfehle, *getrennte Mädchen- und Jungenstunden* abzuhalten, um herauszubekommen, über welche Durchsetzungsstrategien jede Gruppe verfügt, und um neue Strategien einzuüben. Mädchen brauchen nicht nur eine ständige Ermutigung, damit sie fähig werden, sich für ihre Rechte, Bedürfnisse und Wünsche einzusetzen, sondern auch das Vorbild von Lehrerinnen (Frauen), die das gleiche tun, und sie brauchen die Gelegenheit, eventuell ungewohnte Verhaltensweisen in einer geschützten Atmosphäre auszuprobieren. Jungen brauchen auch den Schutz der gleichgeschlechtlichen Gruppe, um zugeben zu können, daß sie ihre Unsicherheiten oft in Machtgehabe gegeneinander und gegenüber Mädchen verdecken. Wie bei den Mädchen brauchen sie eine Lehrkraft ihres eigenen Geschlechts als Vorbild dafür, wie man sich durchsetzt, ohne andere zu mißachten.

5. Zusammenarbeit in der Gruppe

Die Verbindung von Zusammenarbeit mit gewaltfreier Konfliktaustragung wird anhand der Abbildung (s. S. 23) deutlich.

Bei der Einführung des „Esel-Bildes" – das für mich ein Modell der gewaltfreien Konfliktaustragung darstellt – überdecke ich die letzten zwei Bilder und frage die Jugendlichen, wie die Geschichte wohl weitergeht (s. Kapitel 4.6). Wir besprechen die Vor- und Nachteile der verschiedenen Möglichkeiten und kommen darauf, daß die Esel ihr Problem nur für beide Seiten zufriedenstellend lösen können, wenn sie bereit sind zusammenzuarbeiten.

Das gleiche Prinzip gilt für menschliche Probleme. Das Schwierige dabei ist, daß die Beteiligten so lange ihre vorrangigen Bedürfnisse oder Wünsche zurückstellen müssen, bis eine gemeinsame Lösung gefunden werden kann. Das kann eigentlich nur geschehen, wenn sie das Vertrauen haben, daß jeder nicht nur seine eigenen Bedürfnisse und Wünsche sieht und bereit ist, auch die des anderen zu berücksichtigen.

6. Aufgeschlossenheit und kritisches Denken

Zu den wichtigsten Aspekten der gewaltfreien Konfliktaustragung zählen Aufgeschlossenheit und kritisches Denken. Dieser Gesichtspunkt beinhaltet nicht nur die Fähigkeit, einem Konflikt offen und kritisch zu begegnen, sondern auch die Bereitschaft, *die eigene Meinung* auf Grund von neuen Informationen oder eines anderen Verständnisses der Situation *zu ändern*. Das ist eine sehr schwierige Aufgabe, da viele Jugendliche und Erwachsene mit einem eigenen Standpunkt oder einer eigenen Lösung in eine Konfliktsituation hineingehen und diese nur ungern in Frage stellen.

Die Entwicklung des kritischen Denkens impliziert auch die Fähigkeit, „in den Fußstapfen anderer zu gehen". Genauso wichtig wie Zuhören in einer Konfliktsituation ist die Bereitschaft, *faire Kritik* zu äußern und anzunehmen bzw. eigene Zweifel und Fehler einzugestehen. Erwachsene haben damit häufig Schwierigkeiten. Ohne ein gewisses Vertrauensverhältnis werden sich die Beteiligten (mit Recht) weigern, sich zu offenbaren – aus Angst, unnötig verletzt zu werden.

Auch Jugendliche haben die Tendenz, in Konfliktsituationen nur den eigenen Standpunkt wahrzunehmen – besonders wenn Emotionen eine große Rolle spielen. Um so wichtiger ist es, schon im Vorfeld mit der Klasse über Gefühle und Kritik zu sprechen.

7. Phantasie, Kreativität, Spaß

Entscheidend im Prozeß der gewaltfreien Konfliktregelung ist einerseits, daß niemand vorher wissen kann, was für eine Lösung gefunden wird, und andererseits, daß diese Lösung von den Konfliktparteien selber und nicht von Dritten gefunden wird. Dabei ist Phantasie gefordert: Besprechung von ungewöhnlichen oder unrealistischen Lösungsvorschlägen kann – auch oder gerade, wenn sie doch nicht umgesetzt werden – zu einem stufenweisen Abbau von Spannungssituationen führen.

Lehrerinnen müssen häufig gegen ihren Impuls arbeiten, in Konfliktgesprächen nach dem herkömmlichen Muster zu handeln, wobei sie einen Schuldigen ausfindig machen und ihre eigenen Lösungen aufdrängen wollen (z. B. „Du entschuldigst dich"). Lösungen, die nicht oder nur halbherzig umgesetzt werden, bringen in den seltensten Fällen das erwünschte Ergebnis. Es gibt häufig viele mögliche und auch gute Lösungen für einen Konflikt, und Jugendliche wehren sich zu Recht dagegen, Lösungen anzunehmen, die ihre Bedürfnisse, z. B. das Gesicht zu wahren, nicht berücksichtigen.

Anforderungen an den Unterricht und die Persönlichkeit der Lehrerin

Die konkrete Umsetzung der eben beschriebenen Voraussetzungen im Schulalltag stellt bestimmte Anforderungen sowohl an den Unterrichtsablauf als auch an die Unterrichtenden selber. Diese Anforderungen sollen hier kurz beschrieben werden.

Von grundlegender Bedeutung ist die Tatsache, daß der Unterricht nicht nur auf der *kognitiven,* sondern auch auf der *affektiven* Ebene stattfindet. Es sei daran erinnert, daß die Schule einen Bildungs- und Erziehungsauftrag hat. Aus dem Erziehungsauftrag läßt sich die Notwendigkeit ableiten, neue Verhaltensweisen zu vermitteln. Die aber lassen sich nur dadurch erlernen, daß die Schüler eigene Erfahrungen machen. Bei vielen Spielen und Übungen im Programm geht es deswegen darum, Erfahrungen erst einmal zu machen, um anschließend darüber nachzudenken, was sie für die einzelnen bedeuten.

Weiter sollen die Schülerinnen zu *selbständigen* Entscheidungen bzw. selbständigem Handeln motiviert werden. Langfristig sollen sie lernen, ihre Konflikte *alleine* gewaltfrei auszutragen.

Idee und Praxis der *Gewaltfreiheit* sollen als eine konkrete Alternative zur Gewalt aufgezeigt werden. Es geht also hier weniger um die Vermittlung von Inhalten als von Fähigkeiten, also z. B. darum, gewaltfrei Konflikte zu regeln.

Schließlich soll das Programm – und das ist ein wichtiger Motivationsfaktor – den Jugendlichen und den Lehrerinnen Spaß machen. Deswegen ist es notwendig, zumindest in den unteren Klassen ernstere Übungen und Diskussionen immer wieder im Wechsel mit Auflockerungsspielen durchzuführen.

Die Anforderungen an Sie als Person sind nicht minder wichtig. In erster Linie müssen Sie als *glaubwürdiges Vorbild* dienen für das Verhalten, das Sie von den Jugendlichen verlangen. Das bedeutet nicht, daß Sie beispielsweise nie wütend werden dürfen, sondern es bedeutet, daß Sie bereit sein sollten, auch eigene Fehler und Zweifel zuzugeben. Eine Lehrerin, die Respekt von ihren Schülern verlangt, diesen Respekt ihnen aber nicht selber entgegenbringt, wirkt als Vorbild wenig glaubwürdig.

Gewaltfreies Konfliktverhalten läßt sich nicht mechanisch aneignen. Die Verinnerlichung wichtiger Aspekte der gewaltfreien Konfliktaustragung ist ein langer und schwieriger Prozeß, auf den sich Lehrerinnen und Schülerinnen einlassen sollen. Weiterhin wird von Ihnen *Flexibilität* verlangt: Gerade im persönlichen Bereich ist häufig nicht abzusehen, in welche Richtung eine Diskussion gehen wird oder welche Lösungsvorschläge einer Klasse einfallen werden.

Nach unserer Erfahrung liefen Übungen in verschiedenen Klassen manchmal völlig unterschiedlich ab. Wir versuchten, dem Grundsatz treu zu bleiben, daß es für ein Problem viele mögliche Lösungen gibt, und für das offen zu sein, was die jeweilige Klasse aus der Übung machte. Ein Mangel an Flexibilität unsererseits hätte den Kindern und Jugendlichen vermittelt, daß wir wenig Vertrauen in ihre Selbständigkeit haben. Um diese Selbständigkeit zu fördern, mußten wir aber auch bereit sein, in bestimmten Situationen unsere Autorität in Frage stellen zu lassen – in dem Sinne, daß wir nicht alle Antworten wußten. Im besten Fall wird also die Lehrerin zur Begleiterin der Jugendlichen beim gemeinsamen Lernprozeß.

2.2 Das didaktische Konzept

Themenbereiche

Die oben beschriebenen „unverzichtbaren Voraussetzungen" der gewaltfreien Konfliktaustragung werden in Form von Spielen und Übungen zu sechs verschiedenen Themenbereichen mit Jugendlichen besprochen und aktiv eingeübt. Die Themenbereiche sind:

1. Kennenlernen und Auflockern
2. Förderung des Selbstwertgefühls
3. Kommunikation
4. Kooperation
5. Geschlechtsbezogene Interaktion
6. Gewaltfreie Konfliktaustragung.

Diese Themenbereiche *bauen inhaltlich und methodisch aufeinander auf.* Trotzdem findet kein einheitlicher, linearer Lernprozeß statt, der etwa am Ende des Schuljahres mit einem Zeugnis im Fach „Gewaltfreie Konfliktaustragung" abgeschlossen wird. Vielmehr ist der Lernprozeß ein lebendiger, der mit dem sonstigen Schulleben im Zusammenhang steht und in andere Schul- und Lebensbereiche einfließen und sie beeinflussen kann und soll.

Ich selbst hatte Gelegenheit, das in diesem Buch vorgestellte Programm in eigenständigen Spielstunden zu erproben. In welchem Rahmen Teile aus diesem Programm anderswo eine Chance zum Einsatz erhalten, das hängt sicher vom Lehrplan, der Stundentafel und Ihrer eigenen Findigkeit bzw. der Kooperationsbereitschaft im Kollegium ab. Denkbar sind z. B. Unterrichtseinheiten in Deutsch, Sozialkunde und Religion/Ethik/Lebenskunde, sowie Tutorien, Förderstunden, Projekttage bzw. -wochen und Arbeitsgruppen.

Hinweise zur praktischen Durchführung

Die Konfliktarbeit sollte *regelmäßig,* möglichst ein- bis zweimal in der Woche stattfinden. Die Erarbeitung der „Fragen zur Klärung von Konflikten in der Klasse" (Kapitel 1.4) wird helfen, Schwerpunkte zu setzen und eine Vorstellung davon zu entwickeln, welche Themen bzw. Arbeitsbereiche für die jeweilige Klasse besonders wichtig sind und welche zunächst weniger intensiv behandelt werden müssen. Das Programm soll nicht stur von A bis Z durchgeführt, sondern flexibel gehandhabt werden.

Da das Programm von der aktiven Teilnahme der Jugendlichen lebt, ist es ratsam, zumindest zum Teil auf ihre Wünsche und Bedürfnisse einzugehen. Dabei ist besonders in den unteren Klassenstufen auf eine *Ausgewogenheit von affektiven und kognitiven Lernelementen* in den einzelnen Stunden unbedingt zu achten. In den Spielanleitungen werden z. T. Angaben zur Klassenstufe gemacht. Grundsätzlich gilt: Sie kennen Ihre eigene Klasse am besten und wissen beispielsweise, ob Sie ihr eine ganze Stunde Diskussion im Stuhlkreis zumuten können oder ob nicht die Arbeit in Kleingruppen oder eine Kombination von verschiedenen Methoden angebrachter wäre. Die meisten Spiele dauern ca. 15 Minuten; bei längerer Dauer ist die Zeit jeweils angegeben.

Jugendliche haben häufig ein *zwiespältiges Verhältnis zum Spielen.* Einerseits macht es ihnen Spaß, andererseits möchten sie nicht mehr wie Kinder behandelt werden und lehnen bestimmte Spiele als „Babykram" ab. Die Stimmung in einer Klasse kann dann schnell ins Negative umkippen, und es wird sehr schwierig, die Gruppe wieder aufzufangen bzw. zur Zusammenarbeit zu motivieren. Weil Jugendliche dabei sind, ihre Identität neu zu bestimmen, scheuen sie sich oft davor, sich in der Gruppe offen – z. B. über ihre Gefühle – zu äußern. Viele verstecken sich gerade vor ihren Klassenkameraden hinter einer Fassade, die bei Mädchen und Jungen unterschiedlich geprägt ist. Bei der Konfliktarbeit verhalten sich Jugendliche manchmal mürrisch und wenig kooperativ, manchmal aggressiv und ablehnend und manchmal konstruktiv und begeistert. Es ist wichtig, diese Gefühle ernst zu nehmen und zu berücksichtigen.

Den Prinzipien des Konzepts folgend, sollte die Teilnahme an den Spielen und Übungen *freiwillig* sein. Nach unserer Erfahrung entzogen sich aber gerade häufig jene Schüler, die die Einübung des positiven Umgangs miteinander besonders nötig hatten. Bei den Mädchen waren das meistens extrem schüchterne Schülerinnen, die aber nach und nach das Vertrauen gewannen, aktiv an den Spielstunden teilzunehmen. Bei den Jungen waren es eher sehr ich-bezogene, aggressive Schüler, die Schwierigkeiten hatten oder nicht willens waren, sich auf das Gruppengeschehen zu konzentrieren, und die Gruppe bei ihrer Arbeit störten. In der Regel gingen wir von einer verbindlichen Teilnahme aus, waren dann allerdings manchmal mit dem „passiven Widerstand" mancher

Jungen (weniger von Mädchen) konfrontiert. Schüler, die sehr störten oder anderen bei den Spielen absichtlich weh taten, wurden vom weiteren Spielverlauf ausgeschlossen. Allerdings kam es auch vor, daß einzelne Jugendliche sich zurückzogen, bis sie merkten, wieviel Spaß die anderen am Spiel hatten, und dann doch noch dazukamen.

Das soziale Klima in einer reinen Mädchen- bzw. Jungengruppe unterscheidet sich gerade im Jugendlichenalter von dem in einer gemischten Gruppe. Beide Gruppen können davon profitieren, wenn bestimmte Übungen *geschlechtsgetrennt* durchgeführt werden. Sie können sich dann auf sich selbst konzentrieren, ohne ständig damit beschäftigt zu sein, Mitglieder des anderen Geschlechts beeindrucken zu wollen.

Seien Sie *vorsichtig bei der Auswahl der Übungen,* wenn Sie meinen, daß sie für einzelne verletzend sein könnten. Selbstverständlich müssen Spiele und Übungen, die einen negativen Verlauf nehmen bzw. aus welchen Gründen auch immer gänzlich ihre Ziele verfehlen, sofort abgebrochen werden. Das kann bei Interaktionsübungen vorkommen, wenn ein gruppendynamischer Prozeß in Gang kommt, bei dem einzelne Jugendliche aggressiv, verletzt oder ausgeschlossen werden. Sie sollten auch Spiele und Übungen abbrechen, bei denen Sie sich überfordert fühlen. Besprechen Sie dann den Grund des Spielabbruchs mit der Klasse.

Grundsätzlich erscheint es sinnvoll, mit Spielen und Übungen anzufangen, die Ihnen selbst zusagen und wahrscheinlich auch der Klasse gefallen werden. Es gilt, den Mut zu haben, Neues auszuprobieren, aber auch nicht zu verzweifeln, wenn manche Übungen nicht gelingen. Das gehört genauso zum gemeinsamen Lernprozeß wie die – hoffentlich häufigeren – Erfolgserlebnisse. Manchmal entstehen aus der Unterrichtssituation heraus neue Spiele oder Variationen bereits durchgeführter Übungen.

Ich empfehle, falls möglich, die einzelnen Spielstunden *im Team* gemeinsam vorzubereiten, durchzuführen und auszuwerten. In jedem Fall sollten sich diejenigen, die an einer Schule Interesse an der Konfliktarbeit haben, zu einer Arbeitsgruppe zusammenschließen, um den notwendigen Erfahrungsaustausch über das Programm anzuregen und in Gang zu halten.

Auch die *Eltern* sollten über die Ziele und Stationen des Programms zumindest informiert werden. Noch sinnvoller wäre eine weitergehende inhaltliche Besprechung oder sogar Abstimmung mit den Eltern, damit die Jugendlichen nicht womöglich zu Hause und in der Schule gegensätzliche Botschaften vermittelt bekommen. Ein Problem ist, daß die Eltern „schwieriger" Schüler häufig nicht zum Elternabend erscheinen. Wenn sie anwesend sind, haben sie einen schweren Stand: Sie gehen entweder in die Defensive und verteidigen ihre Kinder, oder sie behaupten, solche Probleme gäbe es zu Hause nicht. Manche Eltern geben zu, daß sie selbst nicht wissen, wie sie mit dem Kind bzw. Jugendlichen umgehen sollen. Um eine Diskussion mit und unter den Eltern zu beginnen, können Sie bei Elternabenden einige der Spiele und Übungen ausprobieren.

Das Programm wird um so erfolgreicher sein, wenn die Prinzipien und Arbeitsmethoden *in den sonstigen Unterricht integriert* werden. Das hieße etwa, daß man nicht nur Übungen zur Förderung des Selbstwertgefühls durchführt, sondern sich auch im übrigen Schulalltag darum bemüht, die Jugendlichen positiv zu bestätigen, und nicht nur im Rollenspiel, sondern auch im sonstigen Umgang Zuhören übt. Wichtig ist, keinen schnellen Erfolg zu erwarten. Wer an der Veränderungsfähigkeit der Jugendlichen zweifelt, sollte sich – auch selbstkritisch – bewußt machen, wie schwer es für Erwachsene ist, altgewohnte Verhaltensweisen zu verändern. Auch wenn sich die gewaltfreie Konfliktaustragung nicht direkt vom Rollenspiel auf das Alltagsverhalten übertragen läßt, haben Schüler doch auf diese Weise mindestens einmal erfahren: „Es geht auch anders!"

Es ist schwer festzulegen, woran man „*Erfolge*" in bezug auf das Konfliktverhalten messen kann. An der Zille-Schule stellten wir nach Abschluß der Konfliktarbeit in den einzelnen Klassen und bei den einzelnen Jugendlichen unterschiedliche Lernerfolge fest. In den meisten Klassen hatten die Jugendlichen nicht weniger Konflikte als vorher, aber sie trugen diese bewußter aus. Sie konnten ihr eigenes Verhalten in Konflikten und das ihrer Mitschülerinnen besser einschätzen, auch wenn sie häufig keine gewaltfreie Lösung „parat" hatten. Durch die Auseinandersetzung mit Gefühlen waren manche Jugendliche in der Lage, einander zu unterstützen und Konflikte im Vorfeld zu vermeiden, indem sie z. B. den anderen fragten: „Du hast wohl schlechte Laune? Willst du darüber reden oder sollen wir dich lieber in Ruhe lassen?" Ein Lehrer und eine Lehrerin stellten fest, daß die Mädchen in ihren Klassen durch die Konfliktarbeit und die Auseinandersetzung mit geschlechtsspezifischen Fragen selbstbewußter wurden. Schließlich erkannten einige Lehrerinnen ihren eigenen z. T. konfliktverstärkenden Anteil an Konflikten mit und unter den Jugendlichen und änderten daraufhin ihr Verhalten einzelnen Schülern gegenüber. Für viele Lehrerinnen stellten die Spielstunden eine Gelegenheit dar, ihre Schülerinnen anders als im sonstigen Unterricht zu erleben; dadurch konnten sie Abstand gewinnen und einige Aspekte des Zusammenlebens mit der Klasse für sich neu bewerten.

Insgesamt gilt es, nicht nur ein Programm von Spielen und Übungen durchzuführen, sondern auch zu überprüfen, wie die Schulkultur und das Verhalten der einzelnen Lehrkräfte zur Entwicklung einer positiven Lehr- und Lernatmosphäre beitragen können. Die Schule sollte ein Raum sein, in dem Menschen sich gegenseitig achten und ihre Probleme soweit wie möglich gewaltfrei regeln. Das ist ein *langfristiger und schwieriger Prozeß,* der viel Einsatz erfordert, sowohl vom Kollegium und der Schulleitung als auch von der Schülerschaft. Es wird Rückschläge geben – daran führt kein Weg vorbei. Es geht nicht darum, die Jugendlichen ruhigzustellen, sondern ihnen die Erfahrung zu vermitteln, daß sie fähig und in der Lage sind, ihr Leben zu regeln und ihre berechtigten Interessen durchzusetzen, ohne daß sie selber oder andere dabei zu Schaden kommen. Das ist vielleicht nur in begrenztem Maße möglich, aber es ist wichtig, kleine Erfolge als solche anzuerkennen und sich darüber zu freuen.

3. Aktuelle Konflikte in der Klasse

Ziel des in diesem Buch vorgestellten didaktischen Konzepts ist es, mit Kindern und Jugendlichen die *konstruktive* Regelung von Konflikten einzuüben. Als Lehrerin werden Sie aber im Klassenzimmer, auf dem Schulhof und den Fluren immer wieder mit gewalttätigen Auseinandersetzungen konfrontiert, in denen Sie intervenieren sollten oder müssen. Wie sie auf solche Situationen reagieren, können nur Sie selbst von Fall zu Fall entscheiden – dafür kann es keine allgemeingültigen Richtlinien geben. Trotzdem möchte ich in diesem Kapitel einige konkrete Vorschläge dazu machen. Manche Konflikte übersteigen die Möglichkeiten des Programms und machen weitergehende Maßnahmen notwendig. Ich stelle hier Fälle vor, in denen Lehrerinnen, Jugendliche und Eltern noch etwas ausrichten konnten.

3.1 Fallbeispiele

Im folgenden schildere ich zwei Konfliktfälle aus der Sekundarstufe I, die auf unterschiedliche Weise mit den Betroffenen aufgearbeitet wurden. Der erste Fall stammt von Luise Letschert, Lehrerin an der UNESCO-Projektschule Realschule Dierdorf. Vom zweiten Fall berichtete eine Berliner Hauptschullehrerin. Vielleicht erinnern Sie sich an Situationen, die Sie selbst erlebt haben, und sehen Ihr eigenes Verhalten oder das der beteiligten Jugendlichen in einem anderen Licht als bisher.

„Schlag ins Gesicht" (5. Klasse, Realschule)

Am Ende der ersten großen Pause geht Jennifer unmittelbar vor Janosch die große Schultreppe hinauf. Weil es ihm nicht schnell genug geht, tritt er ihr von hinten an die Wade. Jennifer reagiert mit einer kräftigen Ohrfeige. Daraufhin schlägt Janosch mit einer um die Hand gewickelten Metallkette Jennifer quer über das Gesicht. Jennifer flüchtet in ihr Klassenzimmer. Janosch geht in seinen Unterricht.

Während der nächsten Stunde schwillt Jennifers Gesicht an, die Oberlippe ist aufgeplatzt. Frau Kettler, die gerade in ihrer Klasse unterrichtet, fragt nach der

Ursache und erfährt, was vorgefallen ist. Sie benachrichtigt Frau Ziegler, Klassenlehrerin von Janosch, bei der er gerade Unterricht hat. Diese befragt Janosch, der alles abstreitet.

Frau Ziegler ruft Janosch nach draußen, wo Frau Kettler mit Jennifer wartet. Frau Ziegler fordert Jennifer auf, den Konflikthergang zu schildern; Janosch hört zu. Anschließend soll er sich dazu äußern. Zunächst zuckt er die Schultern. Als er gefragt wird: „Stimmt das, was Jennifer sagt?", antwortet er nach längerem Zögern: „Sie hat angefangen." Jennifer bestreitet das und gibt die Schuld an Janosch zurück.

Frau Ziegler fragt beide, ob sie ihre Aussage beweisen können. Beide bejahen und benennen mehrere Zeuginnen. Die Lehrerinnen holen alle Zeuginnen aus dem Unterricht, ordnen sie den Streitparteien zu und stellen sie einander gegenüber. Frau Ziegler faßt kurz den Konflikthergang zusammen und befragt Jennifers Zeuginnen nach dem Wahrheitsgehalt ihrer Aussage. Alle drei bestätigen Jennifers Aussage. Frau Ziegler befragt die Zeugen von Janosch. Einer von ihnen sagt nach einigem Zögern: „Also Janosch, wenn du ehrlich bist, dann weißt du, daß Jennifer die Wahrheit sagt." Daraufhin bestätigt auch der zweite Zeuge von Janosch Jennifers Aussage. Die Zeugen werden verabschiedet und in den Unterricht zurückgeschickt.

Frau Ziegler fordert Janosch auf, sich zu äußern. Er gibt jetzt zu, daß sich der Konflikt tatsächlich gemäß Jennifers Schilderungen abgespielt hat. Frau Ziegler fragt Janosch, was er zu tun gedenke, um zu einer positiven Lösung zu kommen. Nach längerem Schweigen schlägt Janosch vor, daß er sich entschuldigen könnte. Frau Ziegler fragt Jennifer, ob sie damit einverstanden ist, und ob ihr das genüge. Jennifer gibt ihr Einverständnis.

Janosch geht auf Jennifer zu, reicht ihr die Hand und sagt: „Entschuldigung – ich werde es nicht mehr tun." Jennifer nimmt die Entschuldigung an.

Frau Ziegler und Frau Kettler bedanken sich bei beiden Kindern für die friedliche Beilegung ihres Konflikts.

Bewertung der Konfliktbearbeitung: Durch ihre rasche und unnachgiebige, aber flexible Art der Konfliktaufarbeitung ist es den Lehrerinnen gelungen, den Konflikt gemeinsam mit den Kindern zu klären. Jennifer erlebte, daß ihre Verletzung ernst genommen wurde: Sie konnte in Ruhe erzählen, was aus ihrer Sicht vorgefallen war, und Janosch mußte ihr zuhören. Die Befragung der Zeugen war konstruktiv, und es war wichtig, daß die Zeugen nicht am ganzen Klärungsprozeß teilnahmen. Schwierig war, daß Janosch zu Beginn seinen Anteil am Konflikt abstritt. Die Lehrerinnen blieben aber neutral, und der Wendepunkt kam, als die Zeugen von Janosch die Aussagen Jennifers bestätigten. Janosch mußte also Verantwortung für seine Tat übernehmen. Seine „Strafe" war, daß die anderen seine Lüge mitbekamen. Die Lehrerinnen verlangten eine Wiedergutmachung, gaben ihm aber Zeit und Raum, eine eigene Lösung zu überlegen. Jennifer hatte als Opfer die Gelegenheit, die von Janosch vorgeschlagene Lösung anzunehmen oder abzulehnen. Sehr positiv zu bewerten ist die Geduld, Zurückhaltung und Ernsthaftigkeit der beiden Lehrerinnen.

„Kampf" (9. Klasse, Hauptschule)

Miguel und Stefan waren bis vor kurzem miteinander befreundet. Miguel ist ein besserer Schüler als Stefan. Während des Sportunterrichts geraten sie in einen Streit. Im Laufe des Streits beleidigt Stefan Miguel als „Kanacke". Miguel ist sehr wütend und prügelt auf Stefan ein.

Der Sportlehrer trennt die Streitenden voneinander. Er schlägt vor, daß sie ihren Streit öffentlich während der Sportstunde in Form eines Ringkampfs austragen. Miguel gewinnt den Ringkampf, aber der Konflikt scheint damit nicht aus dem Weg geräumt zu sein.

Die Klassenlehrerin, die den Konflikt aus zweiter Hand bis jetzt mitbekam, ist mit der „Kampflösung" unzufrieden. Beim Fortbildungsseminar analysieren wir den Konflikt und überlegen gemeinsam alternative Umgangsformen mit der Situation.

Zunächst definieren wir das Problem. Das Problem ist, daß Miguel und Stefan sich gestritten haben und daß die vom Sportlehrer angeregte „Kampflösung" für beide Beteiligten nicht zufriedenstellend war. Miguel fühlte sich vermutlich vor dem Ringkampf einerseits gedemütigt, minderwertig und wütend, andererseits intellektuell überlegen. Nach dem Kampf fühlte er sich erschöpft, mißtrauisch, unzufrieden und frustriert, weil Kämpfen nicht sein Weg ist, Probleme zu lösen – obwohl er „gewonnen" hat. Stefan war vorher wohl wütend und beleidigt, fühlte sich insgesamt minderwertig und intellektuell unterlegen; außerdem, meint die Lehrerin, sei er mit Komplexen behaftet. Nach dem Kampf fühlte er sich müde, mißtrauisch, gedemütigt und machtlos, da seine Mittel nun erschöpft waren.

Die Lehrerin berichtet, die Klasse habe während des Streits konfliktverstärkend gewirkt. Durch Gespräche habe sie herausgefunden, daß die Mitschüler verunsichert, aber interessiert und sensationslustig auf den Kampf reagiert hätten.

Die gesamte Fortbildungsgruppe stellt Überlegungen an, wie die Klassenlehrerin nun mit dem Konflikt umgehen könnte. Folgende Vorschläge werden von der Klassenlehrerin verworfen: gar nichts tun, Geschichte in Form eines Rollenspiels mit veränderten Rollen spielen, allgemein mit der Klasse über Gefühle sprechen. Folgende Möglichkeiten bewertet die Lehrerin als positiv:

- im Klassengespräch das Problem thematisieren und die Jugendlichen fragen, was sie zu dem Fall meinen,

- Gespräch führen in der Klasse mit gezielten Fragen (s. unten) (die Schüler sollen lernen, sich in die Rollen von beiden Streitenden zu versetzen),

- Gespräch führen mit den Betroffenen und mit dem Vertrauenslehrer oder -schüler,

- die Schülerinnen schreiben einen Aufsatz zum Thema „Ich fühle mich beleidigt, wenn ..." (die Aufsätze werden anschließend ohne Namen an die Wand gehängt),

- in der Klasse Regeln für das Streiten aufstellen.

Die Lehrerin entscheidet sich, zwei Maßnahmen zu ergreifen: Erstens, das Problem in der Klasse zu thematisieren, indem sie gezielte Fragen stellt wie: Wie fühlten sich die Beteiligten? Wie fühlen sie sich jetzt? Wann geht es euch ähnlich? Welche Rolle hat die Gruppe beim Konflikt gespielt? Zweitens sollen die Jugendlichen Aufsätze zum Thema „Ich fühle mich beleidigt, wenn ..." schreiben, die dann ohne Namen an die Wand gehängt werden.

Später stellte uns die Lehrerin die Ergebnisse des Konfliktnachgesprächs mit der Klasse vor. Auf die Frage, wie sich die Streitenden fühlten, antworteten die Schülerinnen: Miguel fühlte sich cool, verletzt und gekränkt; Stefan fühlte sich beschissen, verletzt, noch gekränkter als Miguel, und ihm war zum Heulen. Die Zuschauer fanden den Konflikt bescheuert („Kleinkinderkram"), fanden es aber besser, ihn in der Schule auszutragen als auf der Straße.

Bewertung der Konfliktbearbeitung: Die Reaktion des Sportlehrers auf den Konflikt sehe ich als äußerst destruktiv. Er ging überhaupt nicht auf den eigentlichen Konflikt und seine Ursachen ein, sondern verstärkte ihn durch die Aufforderung zum Ringkampf. Dadurch wurden die Streitenden vor der ganzen Klasse bloßgestellt. Das Ergebnis war, daß es ihnen noch schlechter ging als vorher, und eine Lösung ihres Problems war noch weiter weg gerückt. (Ein Ringkampf wäre angemessen gewesen, wenn es bei dem Konflikt darum gegangen wäre, wer der Stärkere sei. In diesem Fall ging es aber offensichtlich um eine zerbrochene Freundschaft und um Beleidigungen. Der Kampf lenkte davon ab.) Die Versuche der Klassenlehrerin, im nachhinein den Konflikt konstruktiv aufzuarbeiten, signalisierten der Klasse ihre Sorge um die Gefühle der Beteiligten und regten die Jugendlichen an, über ihre eigenen Gefühle nachzudenken. Trotzdem wäre die Konfliktaufarbeitung viel positiver verlaufen, wenn es – wie in dem ersten Fallbeispiel – den Lehrkräften gelungen wäre, den Konflikt gleich konstruktiv aufzugreifen, miteinander zu kooperieren und auf die Gefühle, Wünsche und Bedürfnisse der Beteiligten einzugehen.

3.2 Vorschläge und Hilfestellungen für den Umgang mit Konflikten

Persönliche Erfahrungen mit Gewalt in der Schule

Der persönliche Umgang mit Gewalttätigkeiten in der Schule ist abhängig von eigenen Erfahrungen. Von Kindern und Jugendlichen kommt immer wieder der Vorwurf, daß Lehrkräfte bei gewalttätigen Auseinandersetzungen wegsehen, sich nicht darum kümmern, *sie damit allein lassen.* Ich kann mir mehrere Ursachen für ein solches Verhalten vorstellen:

❏ Lehrerinnen und Lehrer sind der Meinung, Jugendliche sollten lernen, ihre eigenen Angelegenheiten zu regeln.

❏ Sie sehen sich nicht in der Lage, sich auch noch damit auseinanderzusetzen.

❏ Sie sind genervt von den ständigen Aggressionen und haben keine Lust, sich damit zu beschäftigen.

❏ Sie sind entmutigt, weil sie schon öfter in Konflikte eingegriffen und Gespräche geführt haben, die aber nicht zu sichtbaren Ergebnissen führten (die Jugendlichen streiten sich trotzdem weiter).

❏ Sie wissen nicht, wie sie konstruktiv eingreifen können.

❏ Sie haben Angst, verletzt zu werden oder sich vor den Schülern und/oder vor Kolleginnen zu blamieren, weil sie sich nicht durchsetzen können.

Trotz tatsächlicher zeitweiliger Überforderung im Lehrerberuf ist es m. E. unverantwortlich, Jugendliche in brenzligen Situationen sich selbst zu überlassen. Um das eigene Verhalten besser einschätzen und verstehen zu können, könnte es hilfreich sein, sich mit den folgenden Fragen auseinanderzusetzen und sie eventuell mit einer Kollegin zu besprechen:

Was geht Ihnen bei gewalttätigen Auseinandersetzungen auf die Nerven?

Was macht Ihnen dabei Angst, wodurch fühlen Sie sich bedroht?

Was ist Ihre erste Reaktion (die Beteiligten anbrüllen; dazwischengehen; nichts tun; wegsehen und hoffen, daß es nicht so schlimm ist)?

Was geht in Ihnen vor, wenn Jugendliche gegen Sie aggressiv werden? Wie reagieren Sie in solchen Situationen?

Welche Erfahrungen (gute und schlechte) haben Sie mit gewalttätigen Auseinandersetzungen in der Schule gemacht?

Es ist nicht nur sinnvoll, über die eigenen Erfahrungen mit Gewalt in der Schule zu reflektieren, sondern auch sich über das künftige Verhalten Gedanken zu machen.

Ihre Toleranzgrenze festlegen, bekanntmachen und an ihr festhalten

Nachdem Sie über Ihr vergangenes Verhalten in gewalttätigen oder bedrohlichen Situationen reflektiert haben, können Sie überlegen, wo Ihre *persönlichen Grenzen* liegen. Wenn Sie wissen, wieviel und welcher Art von Aggression Sie bereit sind zu tolerieren, und dies den Jugendlichen in Ihrer Klasse mitteilen, kann das für die Schülerinnen eine wichtige Orientierung sein. Zum Beispiel können Sie Ihr Verständnis dafür ausdrücken, daß die Jugendlichen manchmal ihren Ärger loswerden möchten. Gleichzeitig können Sie der Klasse klarmachen, daß es unhöflich und verletzend ist, andere zu beschimpfen – außerdem führen Beschimpfungen oft zu weiteren Konflikten. Deswegen verkünden Sie, daß Sie in der Klasse keine Beschimpfungen mehr hören wollen. Sie können mit den Schülerinnen „akzeptable Beschimpfungen" vereinbaren. Es ist sicherlich sinnvoll, mit ihnen zu besprechen, wie sie ihren Ärger ohne Beschimpfungen ausdrücken können. Natürlich müssen Sie überlegen, was Sie tun, wenn einzelne Jugendliche sich nicht an die Regeln halten. Es ist wichtig, realistisch zu sein. Drohen Sie keine Maßnahmen an, die Sie nicht bereit sind, im Ernstfall durchzuführen – dadurch machen Sie sich unglaubwürdig.

Wenn man Regeln nicht konsequent anwendet, sind sie bestenfalls zwecklos, schlimmstenfalls kontraproduktiv. Damit wird den Schülerinnen signalisiert, daß Sie sich nicht an Ihr Wort halten, daß Sie sich nicht durchsetzen können. Dann ist es vielleicht doch besser, sich von vornherein nicht festzulegen … Aber Jugendliche können nicht wissen, woran sie sich orientieren sollen, wenn ihnen keine klaren Grenzen mitgeteilt werden. Ich plädiere deswegen dafür, die eigene Toleranzgrenze in bezug auf gewalttätige oder bedrohliche Auseinandersetzungen festzulegen, bekanntzumachen und – so gut es geht – durchzusetzen. Es wird allerdings uneindeutige Situationen geben, in denen Sie verunsichert sind oder sich offenbar nicht an Ihre eigenen Regeln halten. Wenn Sie das sich selbst und der Klasse gegenüber verantworten können, ist das in Ordnung. (Ich denke z. B. daran, daß Sie Zustimmung signalisieren könnten, wenn ein Mädchen sich lautstark wehrt, das sich sonst von anderen Mädchen oder von Jungen einschüchtern läßt. Oder vielleicht ist es für einen aggressiven Jungen ein Fortschritt, wenn er andere nur beschimpft und sie nicht schlägt.)

Vielleicht helfen Ihnen bei Ihren Überlegungen folgende Fragen:

Wieviel Aggression (verbaler und physischer Art) tolerieren Sie seitens der Schülerinnen und Schüler? Was lassen Sie in der Klasse nicht zu? An welchen Punkten greifen Sie ein?

Haben Sie diese Übereinkünfte mit der Klasse gemeinsam vereinbart oder zumindest besprochen? (Das werden Sie wahrscheinlich immer wieder tun müssen.)

Sind Sie konsequent in Ihrem Verhalten? Wenn nicht: Was hindert Sie daran, konsequent zu sein? Bei welchen Jugendlichen lassen Sie mehr Aggressionen zu als bei anderen? In welchen Situationen tun Sie das und warum? Wissen die Schülerinnen in Ihrer Klasse, daß in brenzligen Situationen auf Sie Verlaß ist?

Vorgehen des Kollegiums bei gewalttätigen Auseinandersetzungen

Genauso wichtig ist, daß jedes Kollegium sich darauf einigt, wie mit gewalttätigen oder bedrohlichen Situationen umzugehen ist. Wenn das Kollegium und die Schulleitung sich die Mühe machen, *Grundregeln zum Umgang mit Gewalt* festzusetzen, kann die ganze Schule davon profitieren: Kolleginnen, Jugendliche und Eltern wissen, was sie erwarten können. Eine Übereinkunft darüber zu erzielen, welche Verhaltensweisen in der Schule toleriert und welche nicht toleriert werden, und wie vorzugehen ist, wenn gegen diese Regelungen verstoßen wird, wird wahrscheinlich selbst ein konfliktbeladener und langwieriger Entscheidungsprozeß sein. Ich möchte Ihnen aber Mut machen, in diesen Prozeß einzutreten. Die Alternative ist, daß einzelne Lehrkräfte ohne befriedigendes Rahmenkonzept weitermachen, sich gelegentlich über andere Kollegen oder über die Schulleitung ärgern bzw. sich im Stich gelassen fühlen. Dieser Zustand ist für die meisten Beteiligten nicht zufriedenstellend.

Vielleicht helfen Ihnen bei Ihren Überlegungen folgende Fragen:

Wie effektiv unterstützen sich die Kolleginnen und Kollegen untereinander einerseits und das Kollegium und die Schulleitung andererseits beim Umgang mit gewalttätigen Situationen?

Herrscht im Kollegium und mit der Schulleitung Einigkeit darüber, wie in gewalttätigen Situationen vorzugehen ist?

Hat das Kollegium versucht – eventuell in Zusammenarbeit mit Schülern –, sich auf Grundregeln zu einigen? Wenn nicht, warum nicht? Was steht einem solchen Einigungsprozeß im Wege? Wie könnten diese Hindernisse überwunden werden?

Welche kurz- und langfristigen disziplinären bzw. schulrechtlichen Maßnahmen stehen Ihnen zur Verfügung? Wie effektiv schätzen Sie diese Maßnahmen ein? Was passiert, wenn die Schüler Waffen in die Schule mitbringen?

Welche Alternativen oder Ergänzungen gibt es zu herkömmlichen Maßnahmen, z. B. Konfliktgespräche, Täter-Opfer-Ausgleich? Wer hat diese Alternativen mit welchem Erfolg schon eingesetzt? Wenn sie gescheitert sind: Woran sind sie gescheitert? Was müßte das nächste Mal anders gemacht werden?

Bei welchen Verhaltensweisen werden welche Maßnahmen durchgeführt?

Für welche Probleme ist die Schule zuständig (z.b. Gewalttätigkeiten auf dem Schulweg)?

Wenn das Kollegium sich bereits auf Grundregeln geeinigt hat: Was sind generelle Regeln, an die sich alle halten sollten, und worin besteht für einzelne Lehrkräfte Ermessensspielraum? Wie werden die Regelungen den Jugendlichen und den Eltern mitgeteilt? Kennen diese die Regelungen? Wie werden neue Klassen und neue Kinder in die Regeln eingeweiht? Empfinden die Lehrkräfte die Regelungen als hilfreich? Falls nicht, warum nicht (z. B. weil einzelne Lehrkräfte Angst davor haben, sich vor anderen Lehrkräften oder Schülern zu blamieren, wenn sie sich doch nicht durchsetzen können)?

Umgang mit Konflikten ohne offensichtliche Gewalt

In diesem Kapitel geht es vor allem um den Umgang mit gewalttätigen oder bedrohlichen Situationen. Es gibt aber auch Situationen, die von außen nicht als gewalttätig oder bedrohlich wahrgenommen werden, es aber trotzdem sind. Es handelt sich dabei oft um Konflikte unter Mädchen, die häufig subtil ablaufen und deswegen den Schulalltag weniger beeinträchtigen. Für die Betroffenen ist es aber beispielsweise genauso verletzend, über längere Zeit von einer Gruppe gehänselt und ausgeschlossen zu werden, wie direkter Bedrohung ausgesetzt zu sein. Auch Bestechung wird häufig von Lehrerinnen (und Eltern) nicht bemerkt, besonders wenn Schüler eingeschüchtert werden, sich z. B. ein Schweigeverbot auferlegen lassen. Entwickeln Sie für solche Probleme und Nöte eine besondere Sensibilität. Dafür ist es wichtig, über das eigene Verhalten in diesen Konfliktfällen nachzudenken. Dabei könnten folgende Fragen eine Hilfestellung bieten:

Nehmen Sie Konflikte ernst, die das Klassengeschehen insgesamt nicht stören?

Wie verhalten Sie sich bei latent bedrohlichen Konfliktsituationen? Inwieweit nehmen Sie diese Konflikte überhaupt wahr? Ignorieren Sie sie z. B. und hoffen, daß sie sich von selbst lösen, verfolgen Sie sie aus der Ferne, oder bieten Sie aktive Unterstützung an?

Sind Sie offen für Einzelgespräche? Wie signalisieren Sie den Schülerinnen diese Offenheit bei persönlichen Schwierigkeiten?

Kommen die Jugendlichen zu Ihnen mit ihren kleinen und großen Problemen? Wenn nicht, warum nicht?

Verhalten in Gewalt- und Bedrohungssituationen

Jeder Konflikt, ob gewalttätig oder nicht, verläuft anders. Wenn die Situation gewalttätig ist oder unmittelbar gewalttätig zu werden droht, müssen Sie schnell handeln. Als erstes geht es darum, in die Auseinandersetzung einzugreifen und *die Gewalt zu unterbrechen,* um weiteren Schaden zu verhindern. Dann sollten Sie sich einen Überblick über die Situation verschaffen und feststellen, ob jemand verletzt ist. Bei der Sorge um Opfer und Täter werden Sie eventuell Unterstützung benötigen. Erst wenn sich die Beteiligten beruhigt haben, können Sie mit ihnen den eigentlichen Konflikt aufarbeiten und nach Lösungen suchen bzw. einen Termin für eine Besprechung festlegen. Nicht zuletzt muß geklärt werden, ob die Beteiligten gegen die Verhaltensregeln der Schule verstoßen haben und, wenn ja, welche Konsequenzen ihr Verhalten nach sich zieht.

Wie Sie genau vorgehen, hängt von den jeweiligen Umständen ab, z. B. davon, wie weit der Konflikt schon eskaliert ist, wie viele daran beteiligt sind, ob die Jugendlichen bewaffnet sind, was schon vorgefallen ist und wie gut Sie die Beteiligten kennen und einschätzen können. Eine weitere Situation ist es, wenn Sie selbst Zielscheibe von Aggressionen sind oder im Laufe der Auseinandersetzung werden. Nicht unwesentlich ist natürlich die praktische Frage, um welche anderen Schüler Sie sich gerade zu kümmern haben, da Konflikte meistens unvorhersehbar in den Schulalltag einbrechen.

Die folgenden Vorschläge sollen Ihnen helfen, kurzfristig sinnvoll auf Gewaltsituationen reagieren zu können. Ideen, welche langfristigen Maßnahmen ergriffen werden können, damit solche Vorfälle in Zukunft seltener vorkommen oder gar verhindert werden, werden im Kapitel 4.6 vorgestellt.

❏ *In die Auseinandersetzung eingreifen, die Gewalt unterbrechen*
Bei weniger gefährlichen Auseinandersetzungen können Sie das Geschehen kommentieren oder versuchen, die Streitenden abzulenken. Falls die Auseinandersetzung schon eskaliert ist, sollten Sie die Streitenden voneinander trennen. Teilen Sie ihnen unmißverständlich mit, daß sie aufhören sollten, aufeinander einzuprügeln. Wenn die verbale Aufforderung nichts nützt, gehen Sie mit Ihrem Körper dazwischen. Überlegen Sie vorher, was Sie tun können, wenn die Streitenden Ihre Aufforderungen ignorieren oder wenn Sie selber verletzt werden.

❏ *Sich einen Überblick von der Lage verschaffen*
Es geht nicht darum, die Schuldfrage zu stellen. Klären Sie lediglich, wer an der Auseinandersetzung beteiligt ist und wer mitbekommen hat, was passiert ist (Zeugen noch nicht erzählen lassen!).

❏ *Opferhilfe leisten*
Stellen Sie fest, um wen Sie sich unmittelbar kümmern müssen. Ist jemand verletzt? Wie können Sie dem verletzten Schüler helfen, z. B. mit Erster Hilfe oder mit seelischem Beistand: beruhigen, in den Arm nehmen oder zuhören.

❏ *Signal an den Täter geben*
Stellen Sie fest, ob es einen eindeutigen (Gewalt-)Täter oder Angreifer gibt. Falls ja, signalisieren Sie ihm unmißverständlich, daß sein Verhalten nicht in Ordnung war. Entscheiden Sie: Wollen Sie mit ihm sofort etwas unternehmen (z. B. ihn beruhigen, zur Schulleitung gehen) oder wollen Sie sich erst später mit ihm ausführlicher auseinandersetzen?

❏ *Unterstützung holen*
Falls Sie die Unterstützung der umstehenden Jugendlichen oder einer Kollegin brauchen, teilen Sie gezielt jemandem mit, was er tun sollte.

❏ *Zuschauerinnen wegschicken*
Wenn die Anwesenheit anderer Schülerinnen die Situation erschwert, schicken Sie sie weg oder gehen Sie selbst mit den am Konflikt beteiligten Jugendlichen woanders hin.

❏ *Die Konfliktparteien beruhigen*
Sie haben viele Möglichkeiten, die Streitparteien zu beruhigen. Sie können sie z. B. auffordern, tief durchzuatmen; sie räumlich trennen; die Situation so einrichten, daß sie sich nicht mehr ansehen oder berühren können, bis sie wieder „zu sich" gekommen sind; den Schülerinnen eine Möglichkeit geben, ihre Gefühle wie Trauer oder angestaute Wut auszudrücken; sie fragen, was los war, wie es ihnen jetzt geht und was sie voneinander wollen.

❏ *Konflikt aufarbeiten*
Wenn sich die Beteiligten beruhigt haben, können Sie sich mit ihnen

einigen, ob, wann und in welchem Rahmen ein Konfliktgespräch stattfinden und wer dabei sein sollte. Es empfiehlt sich, das Gespräch so schnell wie möglich zu führen, was sich aus praktischen Gründen nicht immer verwirklichen läßt. Sie müssen entscheiden, ob es sich lohnt, d. h., ob der Konflikt schwerwiegend genug ist, ein ausführliches Konfliktgespräch zu führen. Sie können die Jugendlichen fragen, ob sie an einem solchen Gespräch interessiert sind. Unter Umständen ist es sinnvoll, sich zuerst einzeln mit den Beteiligten zu treffen, um sie zu einem gemeinsamen Gespräch zu ermuntern. Wenn eine Seite sich dem Gespräch verweigert, sollten Sie zunächst mit der anderen Seite sprechen. Vielleicht fühlen sich die Streitparteien aber in der Lage, direkt miteinander zu verhandeln. Im Gespräch wird erstens geklärt, was vorgefallen ist. Zweitens suchen die „Konfliktpartner" nach einer Lösung, die die Bedürfnisse und Wünsche beider Seiten berücksichtigt.

❏ *Konsequenzen ziehen*
Falls der Konflikt nicht im Gespräch geregelt werden kann, sollte geklärt werden, welche Folgen das Verhalten der Beteiligten hat. Wenn einzelne bestraft werden: Wer entscheidet über die Strafe? Diese Person sollte über alle Vorgänge informiert sein und beide Seiten anhören. Es ist wichtig, daß die Strafe im Verhältnis zur Tat steht: Bekommt das Opfer einen Ausgleich für das, was es erlitten hat (z. B. verletzte Gefühle gelindert, kaputtgegangene Gegenstände ersetzt). Macht die Strafe dem Täter etwas aus, was lernt er dadurch? Welche Botschaft erhalten die Beteiligten, wenn ihr Verhalten keine oder eher unangebrachte Folgen hat?

3.3 Konfliktgespräche führen

Ob Konflikte weniger bedrohlich ausgetragen werden oder schon gewalttätig eskaliert sind, Sie werden immer wieder aufgefordert sein, Konfliktgespräche zu führen. Wie solche Gespräche ablaufen, bestimmt maßgeblich ihren Ausgang. Wenn Sie z. B. nach einem Schuldigen suchen, kann sich eine Jugendliche so in die Enge getrieben fühlen, daß sie nicht offen sein kann. Auch die häufig gestellte Frage: „Wer hat angefangen?" ist in diesem Zusammenhang wenig hilfreich. Denn unabhängig davon, wer angefangen hat, *beide Parteien waren am Konflikt beteiligt und haben ihn weitergeführt!*

Etwas ganz anderes ist, wenn jemand ernsthaft verletzt wurde: In diesem Fall muß der Angreifer zur Rechenschaft gezogen werden, unabhängig davon, wie der Konflikt begonnen hat. Lösungen, die sich Erwachsene ausdenken und den Jugendlichen aufdrängen, verfehlen häufig ihre Wirkung, da sie den Schülerinnen nicht entsprechen. So reichen sich z. B. zwar die streitenden Parteien nachträglich die Hand, tun dies aber oft widerwillig und haben sich nicht wirklich „versöhnt". Sie machen es, weil sie dazu gezwungen werden oder der Lehrerin zuliebe. Das Problem ist damit für sie aber nicht aus der Welt!

Das hier vorgestellte Konzept des Konfliktgesprächs entwickelte ich in Anlehnung an die Methode der „Mediation" (Vermittlung in Konflikten durch unbeteiligte Dritte). Diese Methode ist in US-amerikanischen Schulen verbreitet und wird sowohl von Lehrkräften als auch von Kindern und Jugendlichen angewendet. Für eine Übertragung von Mediation auf deutsche Schulverhältnisse siehe Hagedorn (1995) und Jefferys/Noack (1995).

Was soll mit dem Gespräch erreicht werden?

Wichtig ist, was Sie (und die Betroffenen) sich von dem Konfliktgespräch erhoffen. Woran messen Sie den Erfolg oder Mißerfolg eines solchen Gesprächs? Was wollen Sie damit erreichen, z. B. Einsicht des Schülers in eigenes Fehlverhalten, Ernstnehmen des Konflikts, gegenseitiges Zuhören, Beenden der Auseinandersetzung, andere Streitkultur? Versuchen Sie sich vor dem Gespräch *Klarheit über Ihre Ziele* zu schaffen.

Wer ist am Konfliktgespräch beteiligt?

Für den Erfolg des Gesprächs ist weiterhin wichtig, *wer daran teilnimmt.* Außer den am Konflikt Beteiligten können Zeugen, alle beim Konflikt Anwesenden, die ganze Klasse, eine weitere Lehrkraft, die Schulleitung und/oder die Eltern zeitweise oder während des ganzen Gesprächs dabei sein. Es sollte darauf geachtet werden, daß die „Besetzung" ausgewogen ist. Vielleicht benötigt die eine oder andere Streitpartei die Unterstützung einer Freundin oder eines Freundes, um sich äußern zu können. Das ist besonders angebracht, wenn eine Partei weniger Macht hat als die andere, z. B. bei Konflikten zwischen Lehrerinnen und Schülerinnen oder zwischen einer wortkargen und einer wortgewandten Schülerin. Wer tatsächlich am Gespräch teilnimmt, hängt von der Schwere des Konflikts ab. Sicherlich werden die Eltern nicht eingeschaltet, wenn es um ein kaputtes Heft geht, und es ist auch nicht sinnvoll, die Eltern einzuschalten, wenn sie nicht konstruktiv zum Gespräch beitragen können, z. B. wenn bekannt ist, daß sie ihr Kind schlagen. Schließlich müssen Sie überlegen, ob Sie zur Gesprächsleitung z. B. eine Kollegin dabeihaben wollen.

Wie ist Ihre Rolle als Gesprächsleiterin?

Wenn Sie am Konflikt direkt beteiligt waren, sollten Sie als Konfliktpartei die Gesprächsleitung nicht übernehmen – das wäre der anderen Konfliktpartei gegenüber unfair. Entscheidend ist auch, ob Sie *Partei ergreifen* oder *neutral* sein wollen. Wenn vorher bekannt ist oder wenn sich herausstellt, daß einem

Jugendlichen grobes Unrecht getan wurde, können und sollten Sie Partei für diesen Schüler ergreifen. In diesem Fall ist es aber sinnvoll, eine Kollegin einzuladen, die neutral bleiben und zwischen den zwei Parteien vermitteln kann. Das trifft auch dann zu, wenn Ihnen eine Schülerin extrem unsympathisch ist.

Im Regelfall, d. h. wenn der Konflikt zwischen Gleichberechtigten stattfand, ist es von Vorteil, neutral zu bleiben. So sind Sie nicht damit beschäftigt, Ihre eigene Position darzustellen oder zu begründen, und können sich viel besser auf den Verlauf des Gesprächs und auf das, was die Jugendlichen erzählen, konzentrieren. Auf diese Weise können Sie die Kinder effektiver darin unterstützen, einander zu verstehen, Verantwortung für ihr eigenes Verhalten zu übernehmen und nach eigenen Lösungen zu suchen. Ein solcher Klärungsprozeß hat Modellfunktion: Die Jugendlichen lernen nach und nach, ihre Konflikte ohne erwachsene Unterstützung zu regeln.

In welchem Rahmen findet das Gespräch statt?

Das Gespräch sollte unbedingt in einer ruhigen und *entspannten Atmosphäre,* in der sich alle Beteiligten möglichst wohlfühlen können, stattfinden. Wenn der Konflikt am Ort des Geschehens besprochen und relativ rasch abgehandelt wird, haben Sie wahrscheinlich keine Auswahl in bezug auf die Räumlichkeiten. Sie können aber beispielsweise eine ruhige Ecke suchen und Herumstehende wegschicken. Für ein längeres Gespräch brauchen Sie Zeit und Ruhe. Vielleicht können Sie sogar für Tee und Kekse sorgen. Klären Sie zu Beginn des Gesprächs, wieviel Zeit die einzelnen haben, damit Sie sich in Ihrer Planung darauf einrichten können. Klären Sie zum Schluß, ob andere vom Ergebnis des Gesprächs informiert werden müssen und wer diese Aufgabe übernimmt. Bei manchen Konflikten wird es nötig sein, sich mehrmals zu treffen.

Wie wird das Gespräch geführt?

Als Gesprächsleiterin ist es wichtig, das Gespräch zu *strukturieren,* aber nicht zu dominieren. Betrachten Sie sich als Gesprächshelferin oder Vermittlerin zwischen den Konfliktparteien: Ihre Aufgabe ist es, den Jugendlichen bei der Klärung ihres Konflikts zu helfen.

Entscheidend ist, daß alle Parteien angehört werden, es sei denn, sie verweigern ihre Teilnahme am Gespräch. Manchmal stellt sich dabei heraus, daß die Dinge ganz anders gelaufen sind, als von außen vorher zu beobachten war. Das Gespräch ist kein Tribunal. Alle Beteiligten haben das Recht, das Problem aus ihrer Sicht darzustellen.

Es ist sinnvoll, zu Beginn des Gesprächs *Regeln* einzuführen, die für alle verbindlich sind. Diese könnten z. B. sein: ausreden lassen, nicht unterbrechen, ehrlich sein, nicht beleidigen, keine Vorwürfe machen, zusammenarbeiten, auf eine gemeinsame Lösung hinarbeiten, das Besprochene vertraulich behandeln.

Wenn die Schülerinnen in der Lage sind, direkt miteinander zu verhandeln, brauchen Sie lediglich aufzupassen, daß ihre Äußerungen konstruktiv bleiben, und sie ab und zu in die richtige Richtung steuern (z. B. sie dazu zu bewegen, sich für eine Lösung zu entscheiden). Wahrscheinlicher ist aber, daß Sie zwischen den beiden Parteien *vermitteln* müssen und damit das Gespräch stark strukturieren werden.

Besprochen werden sollte:

❑ Was ist vorgefallen? (Konflikt definieren)

❑ Wie kam es dazu? Warum ist das passiert? (Ursachen klären)

❑ Welche Gefühle hat der Konflikt bei den Beteiligten ausgelöst? (Gefühle artikulieren)

❑ Was wollen sie? (Wünsche klären)

❑ Wie geht es weiter? (Lösung suchen)

Wie stark der jeweilige Bereich betont wird, hängt von dem Konflikt selbst und der Fähigkeit und Bereitschaft der Jugendlichen ab, sich auf das Gespräch einzulassen.

Konflikt definieren

Um das Gespräch in Gang zu bringen, können Sie z. B. fragen: Was ist passiert? Was ist das Problem? Lassen Sie beide Schüler kurz den Konflikt aus ihrer Sicht darstellen. Wenn es ein Machtungleichgewicht zwischen den Parteien gibt, fordern Sie zuerst die schwächere Partei auf, sich zu äußern. Fassen Sie das Gesagte anschließend kurz zusammen, fragen Sie die Schülerin, ob Sie es richtig verstanden haben, und wiederholen Sie diesen Vorgang mit der anderen Schülerin. Versuchen Sie, für den Konflikt *eine von beiden Seiten getragene Definition* zu finden. Die Definition soll in möglichst neutraler Sprache formuliert werden. Hier zwei Beispiele: Nicht: „Das Problem ist, daß Simone ihre Sachen am Tisch ausbreitet und Karin Simone angeschrien hat", sondern: „Das Problem ist, daß ihr, Karin und Simone, euch nicht darauf einigen könnt, wem wieviel Platz am Tisch zusteht". Nicht: „Das Problem ist, Tim will frische Luft atmen und macht deswegen das Fenster auf, aber Hakan friert und macht immer wieder das Fenster zu", sondern: „Das Problem ist, Tim und Hakan, daß ihr euch nicht einig seid, wie oft und wie weit das Fenster geöffnet werden sollte".

Entscheidend ist, daß Sie nur an einem Konflikt auf einmal arbeiten. Auch wenn sich bei der Konfliktbesprechung herausstellt, daß die Sache viel komplizierter ist, als ursprünglich gedacht, schlagen Sie den Konfliktparteien vor, zunächst an einem Teilkonflikt zu arbeiten. Wenn Sie versuchen, alle Probleme auf einmal zu lösen, wird es sehr viel schwieriger sein, überhaupt eine Lösung zu finden. Wenn andererseits die Streitparteien erfahren haben, daß es möglich ist, kleinere Konflikte zu lösen, werden sie sich vielleicht nach und nach auch an die größeren wagen.

Ursachen klären

Versuchen Sie als nächstes zu klären, *wie* es zu dem Konflikt kam und *was vorher* geschehen ist. An dieser Stelle sollten Sie wieder die Jugendlichen abwechselnd zu Wort kommen lassen. Lassen Sie es nicht zu, daß die Schüler zu streiten beginnen („Sie hat mich schon die ganze Zeit gestört!" „Das stimmt doch gar nicht, du hast angefangen!"). Es sollten lediglich beide Sichtweisen zur Sprache kommen. Fassen Sie kurz zusammen, was jede Schülerin erzählt hat. Wenn niemand ernsthaft verletzt wurde, ist es nicht nötig, aus dem Gesagten die „Wahrheit" herauszufiltern. Eine objektive Wahrheit gibt es wahrscheinlich sowieso nicht. Machen Sie das den Jugendlichen klar. Jeder Schüler hat die Situation auf seine eigene Weise erlebt, und das ist für diesen Schüler die Realität, seine Wahrheit.

Das gilt allerdings nicht für Situationen, in denen jemand verletzt wurde! In diesem Fall ist es doch wichtig, *genau zu rekonstruieren,* was vorgefallen ist, da auch unfall-, aufsichts- und schulrechtliche Fragen relevant werden. Dann wird es u. U. notwendig sein, Zeugen berichten zu lassen. Falls der Angreifer seine Aktionen abstreitet, muß ihm verdeutlicht werden, welchen entscheidenden Anteil er an der Auseinandersetzung hatte und daß er dafür Verantwortung tragen muß. In diesem Fall können Sie als Vermittlerin nicht neutral bleiben und müssen aus Präventionsgründen klar Stellung beziehen.

Gefühle artikulieren

Dieser Bereich ist äußerst wichtig, denn Gefühle spielen bei Konflikten eine entscheidende Rolle. Kinder und Jugendliche in den unteren Klassen haben in der Regel wenig Hemmungen, ihre Gefühle spontan zu äußern. Ob sie schon gelernt haben, diese differenziert zu artikulieren, ist eine andere Frage. Fragen Sie die Streitparteien nacheinander, wie es ihnen bei dem Konflikt ging und wie es ihnen jetzt geht. Fassen Sie das Gesagte jeweils kurz zusammen. Achten Sie darauf, ob die Jugendlichen sich gegenseitig zuhören, die Gefühle des anderen auf sich wirken lassen und sie annehmen.

Wünsche klären

An dieser Stelle wird der Blick der Streitparteien nach vorn gerichtet. Es geht nicht mehr darum, was in der Vergangenheit passiert ist, sondern darum, wie der Konflikt beigelegt werden kann. Fragen Sie die Beteiligten einzeln: „Was willst du jetzt?" oder „Was willst du vom anderen?" Die Jugendlichen sollen sich gegenseitig nur zuhören und müssen nicht gleich darauf eingehen, was die andere gesagt hat. Vor allem dürfen sie nicht negativ reagieren („Das mache ich auf gar keinen Fall – darauf kannst du Gift nehmen!"). Nach dieser Aussprache wird es einfacher sein, sich auf eine gemeinsame Lösung zu einigen.

Lösung suchen

Das Konfliktgespräch wird meistens an seinem Ergebnis gemessen. Die Lösungsvorschläge sollen möglichst von den Konfliktpartnerinnen selbst kommen, denn sie sind es, die sie umsetzen, die mit ihnen leben müssen. Nur sie können wissen, ob eine Lösung ihren Bedürfnissen und Wünschen entspricht.

Der erste Schritt ist, *Lösungsideen* zu sammeln. Das kann am besten in Form eines Brainstormings gemacht werden, d. h. man schreibt die Frage auf: „Wie geht es jetzt weiter?" und notiert alle Antworten, egal wie lächerlich oder unpraktisch sie zunächst erscheinen. Ermutigen Sie die Konfliktparteien zur Kreativität, also dazu, auch ganz ausgefallene Ideen zu äußern. Das kann den Klärungsprozeß erleichtern. Wenn es eine eindeutig Schuldige gibt, sollte diese zuerst gefragt werden, was sie als Lösung vorschlägt.

Nur wenn der Konflikt inzwischen schon beigelegt ist und jetzt aufgearbeitet wird, sollte überlegt werden, was man bei dem Konflikt hätte anders machen können. Ansonsten kann man sich später darüber Gedanken machen.

Der zweite Schritt besteht darin zu klären, mit welchen Regelungen *beide Streitparteien einverstanden* wären. Das können Sie tun, indem Sie die Liste durchgehen und alle Vorschläge streichen, mit der die eine oder andere Seite nicht einverstanden ist. Unter den übriggebliebenen Vorschlägen suchen sich die Konfliktparteien eine oder mehrere aus, auf die sie sich einigen können (dritter Schritt). Als Gesprächsleiterin sollten Sie darauf achten, daß die Lösung realistisch und ausgewogen ist. Wenn (seelischer, körperlicher oder Sach-) Schaden angerichtet wurden, sollte die Lösung eine Form von Wiedergutmachung enthalten. Fragen Sie beide Seiten: Ist das für dich so in Ordnung? Kannst du diese Lösung akzeptieren? oder: Wie geht es dir bei dieser Lösung?

Zum Schluß der Sitzung steht eine ausformulierte Lösung fest, die die Bedürfnisse und Wünsche beider Konfliktpartner erfüllt, und dennoch realistisch ist, also *gute Chancen hat, umgesetzt zu werden.* Die Lösung kann verbal vereinbart oder in einem schriftlichen Vertrag festgelegt werden. Der zeitliche Rahmen sollte eindeutig ein. Unter Umständen ist es sinnvoll, sich mit den Jugendlichen für einen späteren Zeitpunkt zu verabreden, um nachzufragen, ob die Lösung klappt und, wenn nicht, was jetzt unternommen werden soll. Bedanken Sie sich bei den Jugendlichen für ihre konstruktive Zusammenarbeit und gratulieren Sie ihnen, daß sie für ihr Problem eine faire Lösung gefunden haben.

4. Spiele und Übungen

4.1 Kennenlernen und Auflockern

Namens- und Kennenlernspiele werden vor allem am Anfang des Schuljahres eingesetzt, aber auch dann, wenn eine Schülerin neu in die Klasse kommt oder Sie eine Klasse übernehmen. Um Teil des Gruppenprozesses zu sein, sollten Sie nach Möglichkeit selbst an den Spielen teilnehmen.

Die *Auflockerungsspiele* ermöglichen einen konkurrenzfreien Umgang der Jugendlichen miteinander. Sie verfolgen kein spezielles pädagogisches Ziel und sollten immer wieder eingesetzt werden. Achten Sie darauf, daß die Spiele nicht zu sehr „ausufern" – besonders wenn sie den Schülern Spaß machen –, weil dadurch die Konzentration verlorengeht. Seien Sie außerdem offen für Spielvorschläge aus der Klasse. Allerdings sollten es keine Spiele sein, bei denen manche „gewinnen" – und andere „verlieren".

Vorgestellt werden außerdem einige Methoden *zur Paar- und Kleingruppenbildung,* auf die Sie im Rahmen anderer Themenbereiche zurückgreifen können.

Namensspiele

Die Schülerinnen lernen die Namen der anderen in der Klasse und verbinden etwas Positives mit diesen Namen. Sie können die Namensspiele übrigens auch bei Elternabenden einsetzen.

Namensspiel mit Adjektiv

Die Klasse steht im Kreis. Stellen Sie sich vor, indem Sie Ihren Namen und ein positives Adjektiv nennen, das mit dem gleichen Buchstaben beginnt wie Ihr Name, z. B. „Ich bin die muntere Frau Müller". Die Vorstellungsrunde geht im Kreis herum. Die Schülerin neben Ihnen stellt Sie mit Ihrem Adjektiv, dann sich selbst mit einem eigenen Adjektiv vor. Die nächste Schülerin stellt erst Sie, dann die erste Schülerin, dann sich selbst vor usw. Die Runde ist erst zu Ende, wenn alle mit ihren Namen und Adjektiven vorgestellt wurden. Die Regeln dabei sind: Das Adjektiv muß für den betroffenen Jugendlichen positiv sein; kein Adjektiv darf von zwei Personen benutzt werden. Wenn jemand Schwierigkeiten hat, sich ein Adjektiv auszudenken oder sich die Namen und Adjektive zu merken, dürfen andere selbstverständlich helfen.

Variationen: Es ist leichter, wenn jeder nur Namen und Adjektiv des Vorschülers wiederholt statt alle Namen. Eine weitere Möglichkeit ist, das Adjektiv durch eine Bewegung (eine typische Bewegung oder eine, die ausdrückt, wie es einem gerade geht) oder durch die Beantwortung einer Frage zu ersetzen, z. B. nach der Lieblingsbeschäftigung oder dem Lieblingsessen.

Spinnennetz-Namensspiel

Material: ein Wollknäuel mit strapazierfähiger Wolle

Die Klasse sitzt im Stuhlkreis. Sie nehmen das Wollknäuel in die Hand, halten das Fadenende fest, werfen das Knäuel einem Jugendlichen zu und sagen: „Ich bin Herr Steiner und werfe zu Florian." Florian hält die Wolle fest und wirft das Knäuel weiter, sagt dabei seinen eigenen Namen und den Namen der nächsten Schülerin. Es entsteht ein Netz, das die einzelnen in der Klasse miteinander verbindet. Wenn alle schon an der Schnur festhalten, können Sie mit den Schülerinnen darüber sprechen, was das jetzt für ein Gefühl ist, z. B. „Wir sind alle miteinander verbunden". Dann geht das Wollknäuel rückwärts, ob mit oder ohne Namensnennung – das hängt von der Gruppengröße und der Geduld der Gruppe ab. Bitte weisen Sie darauf hin, daß das Wollknäuel immer *über* die Schnur geworfen werden soll.

Namensschilder

Material: Namensschilder oder Tesakrepp

Jeder Schüler macht für sich ein Namensschild mit einem kleinen Bild darauf, z. B. ein Symbol. Dann stellen sich die Jugendlichen im Kreis auf und erklären ihr Symbol.

Zu meinem Namen ... *(20 Min.)*

Die Klasse sitzt im Kreis. Jede erzählt kurz etwas zu ihrem Namen, z. B. wie die Eltern ihn ausgewählt haben, ob sie ihn mag oder nicht, ob sie schon einmal einen Spitznamen hatte oder ob der Name geändert wurde und was das für ein Gefühl war.

Dieses Spiel kann auch sehr schön sein für Gruppen, die sich schon kennen – man erfährt immer etwas Neues über die anderen.

Abgewandelt nach einer Idee von: Kingston Friends Workshop Group, 1991, S. 15

Kennenlernspiele

Diese Spiele dienen der Förderung des vorurteilsfreien Kennenlernens in der Klasse. Die Jugendlichen erfahren von gemeinsamen und unterschiedlichen Eigenschaften, Interessen und Vorlieben ihrer Mitschüler. Außerdem lernen Sie die einzelnen besser kennen.

Leider konnten wir nicht immer voraussetzen, daß alle Kinder und Jugendlichen an einem gegenseitigen und gleichberechtigten Kennenlernen interessiert und dafür offen waren. Die Abneigung – und damit meistens Abwertung – der Jungen gegenüber den Mädchen war auffallend größer als umgekehrt.

Schlangenspiel

Vorbereitung: Aufgaben vorbereiten

Die Gruppe steht im Raum, faßt sich an den Händen und bildet – ohne zu reden – eine Schlange. Dann bildet sie eine ganz kurze Schlange, so kurz, wie es nur geht, dann eine ganz lange. Dann stellen sich – wieder ohne miteinander zu sprechen – die Jugendlichen nach Größe auf, die Kleinste am Anfang der Schlange. Dann wird es schwieriger: Es geht nach Geburtstag (Monat und Tag), d. h. vorne in der Schlange stehen alle, die im Januar geboren sind usw.

Auswertung: Fragen Sie die Schülerinnen: Wie hast du dich in der Schlange gefühlt, als du mal vorn, mal hinten, mal in der Mitte warst? Hat dich etwas überrascht? Wie hat es sich auf die Gruppe ausgewirkt, daß alle schweigen mußten?

Abgewandelt nach: Kreidler, 1984, S. 129 f.

Verändere drei Sachen

Die Klasse teilt sich in Paare auf. Die Paare stehen sich gegenüber und beobachten genau, wie der andere angezogen ist. Dann drehen sie sich um, jeder verändert drei Sachen (z. B. Ärmel hochziehen, Schuhe tauschen, Ohrringe herausnehmen). Wenn beide fertig sind, drehen sie sich zueinander und müssen jeweils herausfinden, welche drei Sachen der andere geändert hat.

Auswertung: Fragen Sie die Schüler, ob sie alles herausbekommen haben bzw. welche Sachen besonders leicht oder schwierig waren.

Abgewandelt nach einer Idee von Kreidler, 1984

Eckenspiel

Vorbereitung: altersangemessene Fragen überlegen, die niemanden diffamieren

Erklären Sie, daß die Klasse sich immer wieder in zwei Gruppen aufteilen soll, daß diese Gruppen aber wechselnd besetzt sind. Sagen Sie dann beispielsweise:

„Alle, die in Berlin geboren sind, gehen in die Ecke, alle, die woanders geboren sind, gehen in die andere" (die anderen sollten sagen, woher sie stammen). „Alle, die Geschwister haben, in die Ecke, alle, die keine haben, in die andere". „Alle, die außer Deutsch noch eine andere Sprache fließend sprechen, in die Ecke, die anderen dorthin". „Alle, die gerne zur Schule gehen, dorthin, die nicht gerne zur Schule gehen, dorthin" usw. Zum Schluß kann die Klasse selbst die Aufgabenstellung übernehmen. Halten Sie nach jeder Aufteilung kurz an, und fordern Sie die Jugendlichen auf, sich umzuschauen, wer zu ihrer Gruppe und wer zur anderen Gruppe gehört.

Auswertung: Fragen Sie, was die Schülerinnen Neues übereinander erfahren haben. Wie ist es, zu einer bzw. verschiedenen Gruppen zu gehören? Hat jemand mal alleine gestanden? Wie war das für dich? Hat dich etwas überrascht?

Abgewandelt nach: Kreidler, 1984, S. 162

Kennenlernen durch Bilder *(45 Min.)*

Material: Mindestens dreimal so viele Bilder aus Illustrierten wie Jugendliche, leere DIN-A4- oder DIN-A3-Blätter, Stifte und Musikkassette

Auf einem Tisch in der Mitte des Raumes liegen die Bilder. Jede Schülerin schreibt auf ein leeres Blatt ihren Namen und klebt drei selbstausgesuchte Bilder darauf. Während Musik spielt, gehen die Jugendlichen schweigend durch den Raum und halten ihre Bilder vor sich. Wenn die Musik ausgemacht wird, finden sich Paare, die sich gegenseitig von ihren Bildern erzählen. Dieser Vorgang wird mehrmals wiederholt. Zum Schluß sitzt die Klasse im Kreis. Fragen Sie: Wer kann etwas zu Britta sagen? Die anderen teilen mit, was sie über Britta erfahren haben, dann ist der nächste Schüler dran usw.

Dieses Spiel habe ich durch Ulrike Grassau kennengelernt.

Auflockerungsspiele

Die Auflockerungsspiele dienen der Einübung in die Arbeitsmethoden und bei den späteren Themenbereichen zur Auflockerung. Sie werden gewöhnlich zur Einstimmung bzw. zum Ausklang der Stunde oder zur Abwechslung zwischen ernsteren Übungen eingesetzt. Bei diesen Spielen kooperieren die Jugendlichen grundsätzlich miteinander, statt gegeneinander zu konkurrieren.

Bei mehreren Spielen ist Körperkontakt unvermeidbar bzw. Teil des Spiels. Das geht natürlich nur, wenn sich die Jugendlichen – vor allem die Mädchen – dabei wohl fühlen. Auf keinen Fall dürfen die Spiele zu Übergriffen ausgenutzt werden. Brechen Sie das Spiel sofort ab, wenn das trotzdem passiert, und besprechen Sie den Vorfall mit der Klasse.

Obstsalat-Spiel

Die Klasse sitzt im Kreis. Fragen Sie: „Was kommt in einen Obstsalat?" Dann zählt die Gruppe durch, z. B. Apfel, Orange, Banane. Eine Schülerin dreht ihren Stuhl um, damit sich niemand darauf setzen kann, und geht in die Mitte. Diese Schülerin ruft eine Obstsorte aus, z. B. Äpfel. Dann müssen alle Äpfel miteinander Plätze tauschen. Die Schülerin in der Mitte sucht sich einen freien Stuhl, so daß ein anderer Schüler übrigbleibt, eine neue Obstsorte ausruft etc. Kein Schüler darf sich wieder auf den Stuhl setzen, auf dem er eben saß. Die Jugendlichen dürfen aber auch nicht absichtlich in der Mitte bleiben. Wenn jemand „Obstkorb" ruft, müssen alle die Plätze tauschen.

Variationen: Den Obstsalat durch eine Gemüsesuppe, den Obstkorb durch einen Gemüsetopf ersetzen.

Imaginäre Objekte

Alle stehen schweigend im Kreis. Sie fangen an, indem Sie ein imaginäres Objekt aus der Tasche nehmen, mit ihm spielen und dann an Ihren Nachbarn weitergeben. Das Objekt bzw. die Substanz verwandelt sich bei jeder Schülerin in etwas anderes, z. B. einen Ball, eine Pizza, einen Hund, ein Buch. Hinterher können die einzelnen sagen, welches Objekt sie sich vorgestellt hatten.

Farbenspiel

Alle stehen durcheinander im Raum. Nennen Sie nacheinander verschiedene Farben oder Sachen zum Anziehen (Kleidungsstücke oder Schmuck). Alle Jugendlichen sollen gleichzeitig bei einem anderen die genannte Farbe oder das genannte Kleidungsstück anfassen. Weisen Sie vor Beginn des Spiels darauf hin, daß niemand verletzt werden darf. Wenn jemand trotzdem verletzt wird oder wenn die Stimmung gereizt ist, sollten Sie das Spiel sofort abbrechen. Das Spiel soll nicht in Klassen durchgeführt werden, in denen einzelne Körperkontakt scheuen.

Abgewandelt nach: Prutzman u. a., 1988, S. 24

Gewitter

Altersstufe: 5. bis 7. Klasse

Das Spiel sollte möglichst zum Abschluß der Stunde durchgeführt werden.

Die Klasse steht im Kreis, Sie stehen in der Mitte. Wichtig ist, daß während des Spiels überhaupt nicht gesprochen oder gekichert wird – sonst klappt es nicht. Machen Sie einen Probelauf, indem Sie vor jemandem stehen, eine Bewegung machen (z. B. klatschen), die jeweils von den Jugendlichen nachgemacht wird, wenn Sie vor ihnen stehen, und so lange, bis Sie wieder herumkommen und etwas Neues machen. Drehen Sie sich einmal klatschend, einmal schweigend im Kreis – das gibt ein Crescendo/Descrescendo. Wenn das Prinzip allen klar ist, können Sie die Jugendlichen noch mal daran erinnern, daß nichts gesagt werden darf. Dann fängt das eigentliche Spiel an, und zwar werden folgende Bewegungen bzw. Geräusche nacheinander für jeweils eine Runde gemacht: Hände reiben, Finger schnipsen, mit beiden Händen auf die Oberschenkel klatschen, erneut auf die Oberschenkel klatschen und dazu mit den Füßen stampfen, wieder mit beiden Händen auf die Oberschenkel klatschen, wieder Finger schnipsen, wieder Hände reiben, gar nichts tun. Wenn Sie dabei den Schülerinnen in die Augen schauen, weiß jede, wann sie dran ist bzw. mit einer Bewegung anfangen oder aufhören soll.

Abgewandelt nach: Prutzman u. a., 1988, S. 33

Klatschen im Kreis

Die Gruppe sitzt im Kreis. Fangen Sie an, das Klatschen im Kreis herumzugeben, indem Sie langsam zuerst zweimal auf den linken, dann zweimal auf den rechten Oberschenkel klatschen. Beim zweiten Mal rechts klatscht der Schüler rechts neben Ihnen das erste Mal links, dann einmal alleine links, einmal alleine rechts und das zweite Mal rechts mit seinem rechten Nebenschüler usw. Wer einen Fehler macht, fängt neu an. Während der Übung soll so wenig wie möglich gesprochen werden. Wenn die Klasse es schafft, kann sie schneller klatschen oder sogar dabei die Augen schließen.

Geräusche fangen

Material: einige Blätter Schmierpapier

Die Klasse steht im Kreis. Eine Schülerin steht in der Mitte und bekommt die Augen zugebunden. Zerknüllen Sie ein Blatt Schmierpapier und reichen oder werfen Sie es knisternd im Kreis herum. Die Schülerin in der Mitte versucht, das Papier zu fangen. Diejenige, bei der sie Erfolg hat, geht in die Mitte usw. Niemand soll zweimal drankommen, bis alle eine Gelegenheit hatten.

Dieses Spiel habe ich durch Hans Hielscher kennengelernt.

Igel-Spiel *(20 Min.)*

Material: ein Tuch

Eine Schülerin stellt sich in die Mitte und bekommt die Augen mit einem Tuch zugebunden (sie ist der Igel). Die anderen sitzen im Kreis herum. Wer Lust hat, geht nacheinander (mit Pausen dazwischen) zu der Mitschülerin in der Mitte hin und faßt sie auf irgendeine Weise an, z. B. am Arm packen, die Wange streicheln, ins Ohr (behutsam) pusten. Wenn die Berührung für die Betreffende unangenehm war, bleibt sie stehen. Erst bei einer angenehmen Berührung macht sie die Augen auf, und ein anderer Schüler ist dran. Absolute Regel ist, daß die ganze Zeit, in der ein Schüler die Augen zugebunden hat, niemand sprechen darf.

Guppi-Spiel

Material: eventuell ein Halstuch für jeden

Tische und Stühle werden weggeräumt. Alle laufen durcheinander und halten dabei die Augen zu (einfacher ist es, wenn sie ein Tuch umgebunden haben). Flüstern Sie jemandem ins Ohr, daß er Guppi sein, d. h. schweigen, soll. Alle anderen rufen „Guppi", bis sie auf jemanden treffen, der es nicht ruft. Sie schließen sich dieser Person ebenfalls schweigend an, bis im Raum Ruhe ist.

Methoden der Paar- und Kleingruppenbildung

Jugendliche, die sonst nicht viel miteinander zu tun haben, sollen zusammen-kommen und gemeinsam eine Aufgabe erfüllen. Es folgt also immer ein Spiel bzw. eine Aufgabe, z. B. „Die drei Musketiere" (s. S. 60). Unsere Erfahrung war, daß Kinder und Jugendliche aufgrund der hier vorgestellten Spiele eher bereit waren, sich auf eine Zusammenarbeit einzulassen. Wenn sie sich absolut weigerten, erzwangen wir allerdings die Kooperation nicht, sondern ließen sie tauschen. Eine Aufteilung nach diesen Methoden ist aber nicht immer sinnvoll: Wenn die darauf folgende Übung Vertrauen verlangt, sollten sich die Schüle-rinnen selber ihre Partnerin aussuchen können.

Loskärtchen mit Bewegungsanweisungen

Material: für jeden Jugendlichen ein zusammengefaltetes Kärtchen, auf dem eine Bewegung angegeben ist. Je nach anschließender Aufgabe erhalten zwei oder drei Personen die gleiche Bewegungsangabe (z. B. winken, die Nase kratzen, den Kopf schütteln).

Die Gruppe sitzt im Kreis. Verteilen Sie die Loskärtchen. Fordern Sie die Jugendlichen auf, zunächst sitzenzubleiben und nicht zu verraten, welche Anweisung sie gezogen haben. Wenn alle ein Kärtchen haben, gehen sie gleichzeitig in den Kreis, machen ihre Bewegung (ohne dabei zu sprechen) und finden so ihre Partnerin. Sammeln Sie die Kärtchen wieder ein und erklären Sie die Aufgabe, die nun zu zweit oder zu dritt erfüllt werden soll.

Abgewandelt nach: Hielscher, 1984, S. 35 f.

Filmdöschen mit Lebensmitteln

Material: So viele Filmdöschen, wie Jugendliche in der Klasse sind, gefüllt mit verschiedenen haltbaren Lebensmitteln (Reis, Popcorn, Rosinen, Nüssen) oder anderen kleinen Gegenständen (Büroklammern, Pfennigen) – jeweils zwei oder drei mit dem gleichen Inhalt. (Die Filmdöschen bekommt man übrigens umsonst in Fotoläden, meist gleich zu Dutzenden.)

Wie bei „Loskärtchen mit Bewegungsanweisungen" laufen die Jugendlichen herum und schütteln ihre Döschen. Sie finden sich aufgrund der gleichen Geräusche – dazu ist Ruhe im Raum unbedingt notwendig.

Variationen: Die Döschen können mit frischen Lebensmitteln (Ketchup, Zwiebel) gefüllt werden. Die Jugendlichen laufen schweigend durcheinander und finden sich anhand der Gerüche.

Abgewandelt nach einer Idee, die Hans Hielscher in einem Workshop vermittelte

4.2 Förderung des Selbstwertgefühls

Förderung des Selbstwertgefühls im Klassenzimmer: Wie soll das überhaupt gehen in einer Gruppe bunt zusammengewürfelter Schülerpersönlichkeiten, jede mit eigenen Stärken, Schwächen und Bedürfnissen? Obwohl das Selbstwertgefühl durch die familiäre Sozialisation und die Erfahrungen in der Grundschule schon weitgehend geprägt ist, kann man durch die Art des Umgangs miteinander im Klassenraum einiges beeinflussen.

Durch die Spiele und Übungen dieses Themenbereichs sollen Jugendliche *ihren eigenen Wert als Individuen* und *den Wert anderer* erfahren. Das heißt, sie lernen, Anerkennung – unabhängig von schulischen Leistungen – zu geben und anzunehmen. Das kann besonders für Leistungsschwache wichtig sein. Die individuellen Lernerfahrungen sind dabei unterschiedlich: Manche müssen lernen, sich in der Gruppe zurückzuhalten, andere, sich überhaupt erst frei zu äußern.

Dabei kann es mehrere Probleme geben. Viele Kinder und Jugendliche sind zu sehr auf sich bezogen und suchen Raum zur Selbstdarstellung. Besonders bei Jungen haben wir häufig erlebt, daß sie zwar gerne die Gelegenheit ergriffen, sich selber vor der Gruppe darzustellen, nicht aber die Geduld hatten, den Ausführungen anderer – vor allem von Mädchen – aufmerksam zu folgen (s. hierzu Schnack/Neutzling 1991).

Ein weiteres Problem ist, daß die meisten Übungen gewisse *sprachliche Ausdrucksfähigkeiten* voraussetzen. Wenn es darum geht, sprachlich wenig begabte oder ausländische Kinder ohne ausreichende Deutschkenntnisse zu integrieren, müssen die Übungen unter Umständen verändert werden. Die Spiele und Übungen dürfen keinesfalls zu einer (weiteren) Ausgrenzung führen.

Den Zusammenhang zwischen Überforderung bzw. Leistungsschwäche und Gewalttätigkeit zeigt folgendes Beispiel der Berliner Lehrerin Margot Wichniarz:

„Serkan, ein türkischer Junge aus einer 5. Klasse, kann nur schlecht Deutsch sprechen, noch weniger kann er Texte verfassen. Er kommt zu mir in den Ausländer-Intensivkurs und brachte einmal zufälligerweise sein Niederschriftenheft mit. Ich schlage es auf, vor mir eine halbe Seite Text, jedes zweite Wort ist rot unterstrichen, am Rand 7 bis 8 rote Zeichen, unter dem Text eine 5 – und dazu die Bemerkung: ‚Du solltest einen zusammenhängenden Text schreiben und keine Sätze aneinanderreihen.'

Serkan, ein lieber Junge, flippt regelmäßig aus, weil er schwer unter der Leistungsbeurteilung leidet, die ihm in der Schule zugemutet wird. Und Serkan ist keine Ausnahme, kein Einzelfall. Allen leistungsschwächeren Kindern geht es täglich so. Nicht umsonst sind es gerade die leistungsschwächeren Kinder (Jungen), die zu Gewalttätigkeiten neigen."

Natürlich kann die fehlende Bestätigung, die ein Kind zu Hause erfährt, nicht durch einige Spiel- und Übungsstunden ersetzt werden. In diesem Sinne ist die Wirkung der Spiele und Übungen sicherlich begrenzt. Es kommt darauf an, auch im sonstigen Unterricht regelmäßig die Gelegenheit zu geben, sich in der Gruppe darzustellen und von den anderen Anerkennung zu bekommen. Der Unterschied zwischen „zu den eigenen Stärken stehen" und „Angeben" sollte deutlich gemacht werden. Problematisiert werden sollten außerdem Verhaltensweisen der Jugendlichen untereinander, die das Gegenteil von Bestätigung vermitteln.

Die Bestätigung von sich selbst und anderen steht in engem Zusammenhang mit der *Kommunikationsfähigkeit* der Jugendlichen. Wer nicht in der Lage ist, andere überhaupt wahrzunehmen, wird sie auch schlecht bestätigen können. In manchen Fällen wird es deshalb sinnvoll sein, die Übungen in diesem Kapitel mit denen zum Thema „Kommunikation" (da besonders aus dem Bereich „Gefühle") abzustimmen.

Jede Lehrerin sollte bedenken, daß ihr eigenes Verhalten dazu beiträgt, das Selbstbild der Jugendlichen und das Bild, das sich eine Schülerin von ihren Mitschülerinnen macht, auf- bzw. abzubauen. Die Lehrerin dient den Schülern als *Vorbild*. Es ist beispielsweise unglaubwürdig, den Jugendlichen vermitteln zu wollen, sie seien alle wertvolle Persönlichkeiten, wenn sie einzelne immer wieder vor den anderen bloßstellt.

Schülerinnen und Schüler werden durch folgende Verhaltensweisen bestätigt:

❏ gute Noten erteilen,

❏ verbal und schriftlich loben und ermutigen, z. B. öffentliches Lob für positive Verhaltensänderungen, schriftliche Bewertung, Stellungnahme auf den Hausarbeiten,

❏ persönliche Kritik einzeln statt vor der Gruppe äußern (wenn die Art des Konflikts kein Gruppengespräch erfordert),

❏ die Jugendlichen als Persönlichkeiten akzeptieren, annehmen und ermutigen,

❏ Vertrauen zeigen, z. B. durch das Übertragen von Verantwortung oder das Gewähren von Freiheiten,

❏ körperliche Zuwendung geben: Blickkontakt, Lächeln, Nicken, geräuschlos in die Hände klatschen,

❏ außerhalb der Schule grüßen,

❏ sich Zeit nehmen zum Zuhören,

❏ zeigen, daß man sie mag,

❏ ihnen Erfolgserlebnisse schaffen,

❏ ihnen zugestehen, daß sie etwas nicht können,

❏ offen sein für die Interessen und Bedürfnisse der Jugendlichen: ihnen Gelegenheit bieten, Wünsche zu äußern, Klassengespräche zu führen, nach dem Klingeln weiterzureden; im Gespräch die positiven Seiten aufzeigen, ihre Probleme ernst nehmen, ihre Ideen anerkennen, Gedanken von einzelnen aufgreifen und darauf Bezug nehmen, die Ergebnisse ihrer Arbeit in den Unterrichtsprozeß einbeziehen; Gelegenheit bieten, daß sie ihre Besonderheit zum Ausdruck bringen können, etwas vorführen lassen, einer Schülerin die Gesprächsführung übertragen, eingehen auf Themen, die sie gerade brennend interessieren – auch wenn sie mit der Schule nichts zu tun haben,

❏ eigene Schwächen zeigen,

❏ Spaß zusammen haben.

Lehrerinnen und Lehrer vermitteln durch folgende Verhaltensweisen das Gegenteil von Bestätigung:

❏ schlechte Noten geben, oberflächlich beurteilen, Notendruck, Leistung übergehen, zu schwere Fragen stellen,

❑ übertriebene Kritik äußern, die Schwächeren mit den Stärkeren vergleichen, Rangfolge bzw. Wettbewerb betonen, Schülerinnen überfordern, zeigen, daß einzelne dumm sind, keine Chance zur Leistung bieten, Unfähigkeit unterstellen, schlechte Schüler nach hinten setzen,

❑ abwertend verbal und nonverbal äußern, etwa „Das kannst du ja doch nicht!", „Das ist typisch für dich!", „Du brauchst dich gar nicht zu melden!", aufstöhnen („Nicht schon wieder!"), festlegen auf vermeintliche Geschlechterrolle („Mädchen können sowieso nicht rechnen!"), auslachen, Gesicht verziehen, Kopf schütteln, bedenkliche Miene aufsetzen,

❑ schon bei Kleinigkeiten bestrafen, meckern, drohen, anschreien, seufzen, nörgeln, ironische Bemerkungen („Das hast du wieder toll gemacht!"), in die Ecke oder aus dem Raum schicken, ausgrenzen aus der Gruppe,

❑ offizielle Maßnahmen ergreifen wie Nachsitzen, Sonderaufgaben, Tadel, Eintragung, Brief nach Hause, die Eltern und die Schulleitung einschalten,

❑ Ängste ausnutzen, Vertrauen mißbrauchen, kalt und emotionslos reagieren,

❑ einzelne vor der Klasse blamieren und bloßstellen,

❑ sich keine Zeit nehmen für die Kinder, kurz angebunden sein,

❑ den Schülerinnen nichts zutrauen, sie nicht zu Wort kommen lassen, ignorieren, übersehen, links liegen lassen, mißachten,

❑ Schüler bewußt kränken, um ihnen eine Lektion zu erteilen,

❑ stur den Unterricht durchziehen und dabei die Schülerinnen nicht sehen, Entscheidungen aufzwängen und nicht durchschaubar machen,

❑ nur die eigenen Argumente gelten lassen, keine Kompromisse eingehen, selber keine Schwächen eingestehen.

Ganz besonders wichtig ist es, sich zu fragen, inwieweit man selber Mädchen und Jungen bewußt oder unbewußt unterschiedlich bestätigt. Haben Sie bestimmte Vorstellungen davon, welche Fähigkeiten Schülerinnen bzw. Schüler besitzen (sollen) oder wie sie sich zu verhalten haben? Zum Beispiel erwarten viele Lehrerinnen, daß Mädchen ordentlicher schreiben und Jungen logischer denken können, daß Mädchen fleißiger und Jungen kreativer sind, daß Mädchen sich eher angepaßt, Jungen sich eher störend verhalten. Ich möchte nicht gegen Erfahrungen argumentieren, wohl aber vor selektiver Wahrnehmung warnen. Vorurteile schaffen nicht selten ihre eigenen Realitäten: Verhaltensweisen können wahrgenommen werden oder nicht, je nachdem, ob sie in das vorgefertigte Schema im Kopf passen. Das kann verheerende Konsequenzen für die Betroffenen haben. Für Jungen gelten beispielsweise häufig andere, weniger strenge Verhaltensnormen als für Mädchen. Dadurch bleiben m. E. ihre sozialen Fähigkeiten weitgehend unterfordert, worüber sich Lehrkräfte oft genug beschweren. Währenddessen wird von Mädchen eher ein soziales Verhalten erwartet und verlangt. Wenn sich einzelne Mädchen nicht an diese Norm halten, sondern sich ähnlich auffällig wie Jungen betragen, werden sie bestraft. Entsprechen sie aber der Norm und ermöglichen dadurch überhaupt erst die Schaffung einer erträglichen Lehr- und Lernatmosphäre – übrigens auch für die Jungen –, werden sie nur selten dafür ausdrücklich gelobt.

Lehrerinnen bemerken immer wieder bei Fortbildungsveranstaltungen, daß das Selbstvertrauen der Mädchen mit zunehmendem Alter abnimmt, besonders deutlich mit der Pubertät. Der „heimliche Lehrplan" beschert Mädchen in einem Verhältnis $\frac{1}{3}$ zu $\frac{2}{3}$ (Spender, 1985, S. 91 ff.) weniger Aufmerksamkeit von ihren Lehrerinnen als Jungen. Sie werden sowohl seltener gelobt als auch seltener getadelt. Wird ihnen auf diese Weise nicht unterschwellig vermittelt, daß sie weniger wert sind? Wenn man bedenkt, daß Mädchen von Lehrkräften eher für ihr Verhalten Anerkennung bekommen und in bezug auf ihre Leistungen kritisiert werden, wird eine Ursache dafür zumindest deutlich, warum sie dazu neigen, ihr Selbstwertgefühl mehr aus dem emotionalen als aus dem kognitiven Bereich zu ziehen (Thomas 1990, I/S. 10 ff.). Die hier vorgestellten Spiele und Übungen können eine wichtige Bestätigung der kommunikativen Fähigkeiten der Mädchen darstellen. Die Übungen und Spiele zur Förderung des Selbstgefühls sind hier nach vier inhaltlichen Schwerpunkten geordnet:

❏ Gemeinsamkeiten und Unterschiede

❏ Selbstbestätigung und Identitätsentwicklung

❏ Bestätigung von anderen

❏ Auseinandersetzung mit der Schule und der Rolle von Schülerinnen und Lehrerinnen.

Fragen zur Einschätzung der Situation in der Klasse in bezug auf Bestätigung:

Zum Selbstwertgefühl der Jugendlichen

1. Welche Jugendlichen haben besondere Probleme mit dem Selbstwertgefühl? Wie äußert sich das im Unterricht oder in den Pausen? Wie geht es Ihnen dabei? Wie gehen Sie damit um? Wie könnten Sie diese Jugendlichen unterstützen?

2. Wie erkennen Sie die (deutschen und ausländischen) Mädchen in Ihrer Klasse an? Wofür loben oder tadeln Sie sie? Welche Aufgaben übertragen Sie ihnen? In welchen Bereichen brauchen sie eine besondere Ermutigung? Wie könnten Sie ihnen diese geben?

---

3. Wie erkennen Sie die (deutschen und ausländischen) Jungen in Ihrer Klasse an? Wofür loben oder tadeln Sie sie? Welche Aufgaben übertragen Sie ihnen? In welchen Bereichen brauchen sie eine besondere Ermutigung? Wie könnten Sie ihnen diese geben?

4. Welche Verhaltensweisen haben die Jugendlichen untereinander, um zu zeigen, daß sie besser sind als andere bzw. daß andere „nicht in Ordnung" sind? Wann greifen Sie ein?

Zum Selbstwertgefühl der Lehrerin

Wie sieht es mit Ihrem eigenen Selbstwertgefühl in bezug auf Ihre schulischen Aufgaben aus? In welchen Klassen fühlen Sie sich sicher, in welchen nicht? Welche Folgen hat das für den Unterricht? Wo haben Sie noch Schwierigkeiten mit Ihrer Rolle oder Ihren Aufgaben? Welche Folgen hat das für den Unterricht? Welche Unterstützung brauchen Sie? Wer könnte Ihnen diese geben?

Gemeinsamkeiten und Unterschiede

Die Jugendlichen lernen, Gemeinsamkeiten und Unterschiede wahrzunehmen, ohne sie zu bewerten.

Die drei Musketiere *(20–30 Min.)*

Material: ein Arbeitsblatt für jede Dreiergruppe

Erklären Sie einleitend, daß es bei dieser Übung darum geht festzustellen, was die einzelnen gemeinsam haben und was sie unterscheidet. Teilen Sie die Klasse in Dreiergruppen auf; jede Gruppe bekommt ein Arbeitsblatt. Erklären Sie das Arbeitsblatt und weisen darauf hin, daß die Antworten sich nicht nur auf Äußerlichkeiten beziehen sollen, da es auch darum geht, etwas Neues über die anderen zu erfahren. Fragen Sie die Jugendlichen nach Beispielen, etwa: „Wir mögen alle Spaghetti", „Wir mögen alle nicht aufräumen", „Ich heiße ... und bin anders, weil ich kurdisch spreche". Wichtig: Es dürfen keine Namen genannt werden („Wir alle finden M. doof").

Die Gruppen füllen selbständig und gemeinsam das Arbeitsblatt aus. Jeder in der Kleingruppe muß mit allen Antworten einverstanden sein. Sie können von Gruppe zu Gruppe gehen und darauf achten, daß die Jugendlichen wirklich aufeinander hören. Wenn alle fertig sind, kommen die Kleingruppen wieder im Stuhlkreis zusammen und stellen sich und ihre Arbeitsergebnisse vor. Die Blätter können zum Nachlesen an die Wand gehängt werden.

Auswertung: Fragen Sie die Schülerinnen, ob es in manchen Gruppen Überraschungen gab, ob sie z. B. etwas erfahren haben, was sie vorher nicht wußten oder vermuteten.

Arbeitsblatt: *Die drei Musketiere*

Das sind drei Sachen, die wir alle mögen:

1. _____

2. _____

3. _____

Das sind drei Sachen, die wir alle nicht mögen:

1. _____

2. _____

3. _____

Darin unterscheiden wir uns:

Name: _____

Ich bin anders, weil _____

Name: _____

Ich bin anders, weil _____

Name: _____

Ich bin anders, weil _____

Abgewandelt nach: Kreidler, 1984, S. 158

Von Angesicht zu Angesicht

Material: Stift und Papier für jeden

Teilen Sie die Klasse in Paare auf. Die Paare sitzen oder stehen sich gegenüber. Sie haben drei bis fünf Minuten Zeit, um eine Liste mit fünf Gemeinsamkeiten und fünf Unterschieden zu erstellen (z. B. wir sind beide Mädchen, wir mögen beide Mathe ... du bist Deutsche/ich bin Türkin, du hast eine Stupsnase/ich habe eine lange Nase usw.). Nach der angegebenen Zeit wechseln die Partnerinnen und wiederholen mindestens einmal die Übung. Anschließend können typische Gemeinsamkeiten und Unterschiede besprochen werden.

Auswertung: Fragen Sie die Jugendlichen, mit welchen Unterschieden man geboren wird, welche man verändern kann, welche wichtig und welche unwichtig sind. Es sollen nicht nur körperliche Merkmale, sondern auch andere Eigenschaften besprochen werden.

Variation: Die Paare machen zuerst schweigend jeder für sich eine Liste und vergleichen sie anschließend.

Abgewandelt nach: Kreidler, 1984, S. 157 f.

Unterschiede: Vor- und Nachteile

Vorbereitung: Liste von verschiedenen Personen (s. unten) erstellen

Sagen Sie der Klasse, daß Unterschiede zwischen Menschen als positiv, negativ oder unwichtig bewertet werden können, je nach der eigenen Perspektive. Lesen Sie verschiedene Unterschiede vor. Zu jedem Punkt nennen die Schüler drei Vorteile, drei Nachteile und drei Aspekte, bei denen das egal wäre. Mögliche Angaben auf der Liste sind:

❑ ein behinderter Schüler in der Klasse

❑ eine Mitschülerin, die kein Deutsch kann

❑ ein türkischer Klassenlehrer

❑ ausschließlich Mädchen/Jungen in der Klasse.

Ein Beispiel: Es wäre gut, einen behinderten Jugendlichen in der Klasse zu haben, weil wir lernen würden, mit behinderten Menschen normal umzugehen; schwierig wäre, daß er vielleicht nicht alleine die Treppe zur Pause hinuntergehen könnte; und egal wäre es beim Klassengespräch.

Auswertung: Fragen Sie die Jugendlichen, in welchen Situationen sie sich schon mal isoliert gefühlt haben und wie das für sie war (z. B. das einzige Mädchen in einer Fußballmannschaft, das einzige ausländische Kind in der Klasse, das einzige behinderte Kind in einer Gruppe gewesen zu sein).

Abgewandelt nach: Kreidler, 1984, S. 159 f.

Selbstbestätigung und Identitätsentwicklung

Hier erhalten Jugendliche die Gelegenheit, das Positive an sich selbst und an anderen wahrzunehmen und zu akzeptieren. Dabei ist es sehr wichtig, daß die Jugendlichen sich nicht über andere lustig machen dürfen. Gerade weil die Selbstdarstellung Mädchen meist schwerer fällt als Jungen, sollten Sie darauf achten, daß die folgenden Spiele und Übungen nicht ihr Ziel verfehlen, indem sie das Klischeebild „selbstbewußter Junge/zurückhaltendes Mädchen" bestätigen statt herausfordern. Die Jungen dürfen die Übungen nicht ausnutzen, um ihre Selbstunsicherheit zu verstecken oder um ihre Nichtachtung der Mädchen zu demonstrieren. Die Spiele müssen in einer Atmosphäre der gegenseitigen Achtung durchgeführt werden.

Pantomime: Etwas, was ich gerne mache …

Die Klasse sitzt im Kreis. Wer Lust hat, geht in die Mitte und führt pantomimisch etwas vor, was sie gerne macht, z. B. Fahrrad fahren, Computerspiele machen. Die anderen müssen raten, was das ist.

Ratespiel: Wer bin ich? *(etwa 45 Min.)*

Material: Stift und Papier für jeden

Jeder Schüler schreibt verschiedene Merkmale/Eigenschaften/Interessen (nur ganz individuelle Äußerlichkeiten, z. B. „Ich trage gerne lila", aber nicht „Ich habe rote Socken an") von sich auf ein Blatt, faltet es zusammen und gibt es Ihnen. Lesen Sie entweder anschließend oder zu Beginn der nächsten Spielstunde die Zettel nach und nach vor. Die anderen Jugendlichen raten, um wen es sich handelt.

Ein Ort, an dem ich mich wohl fühle *(30–45 Min.)*

Material: Blätter und Buntstifte zum Zeichnen

Erklären Sie der Klasse, daß alle in dieser Stunde ein Bild zeichnen sollen von einem Ort, an dem sie sich wohl fühlen. Es kann ein echter oder ein Phantasieort sein. Betonen Sie, daß es sich nicht um eine Kunststunde handelt. Es geht also nicht darum, ein perfektes Bild zu malen, sondern etwas über sich selbst auszusagen. Wenn alle fertig sind, kommen die Jugendlichen im Stuhlkreis zusammen und zeigen bzw. erklären ihre Bilder, z. B.: Wo ist das? Wie sieht es dort aus? Oder: Wie stelle ich mir das vor? Wann fühle ich mich dort besonders wohl? Bin ich dort alleine oder mit anderen zusammen? Die Bilder können anschließend aufgehängt werden.

Variation: Die Bilder werden ohne Signatur in die Mitte des Stuhlkreises gelegt oder an die Wand gehängt. Die Jugendlichen betrachten die einzelnen Bilder in

Ruhe und überlegen, welches Bild von wem stammen könnte und warum. Die Betreffenden erklären dann ihre Bilder.

Erfahrungen: Für den Ablauf der Übung ist entscheidend, welches Verhältnis die Jugendlichen zueinander haben und wie die Übung eingeleitet wird. Den Schülern einer 6. Klasse war sie offensichtlich peinlich, bzw. sie hatten keine Lust, sich in dieser Form einander zu öffnen: Einige Schülerinnen lachten verlegen, als sie ihr Bild vorstellten, und zerrissen es anschließend.

Diese Übung habe ich durch Joyce Davison (Children's Creative Response to Conflict) kennengelernt.

Wappen *(45 Min.)*

Material: Wappenblätter für jeden Schüler (s. Abb. S. 65)

Die Übung beginnt mit einer kurzen Einführung in den Zweck von Wappen. Jede Schülerin erhält ein DIN-A4-Blatt mit dem Umriß eines Wappenschildes mit vier Feldern. Unten kommt der Name hin; in die verschiedenen Felder kommen folgende Angaben: oben links: das wichtigste Ereignis in meinem Leben, oben rechts: mein glücklichster Moment im letzten Jahr, unten links: etwas, was ich gut kann; unten rechts: etwas, was ich besser können möchte. Jüngere Schüler können die Wappen ausmalen. Zum Schluß der Stunde werden sie entweder zu zweit bzw. in einer Kleingruppe vorgestellt oder aufgehängt, damit die anderen Jugendlichen sie betrachten können.

Variationen: Die Fragestellungen können verändert werden. Das Layout der Schilder kann den Jugendlichen überlassen werden.

Abgewandelt nach: Kingston Friends Workshop Group, 1985, S. 53

Meine Fähigkeiten *(45 Min.)*

Material: ein Arbeitsblatt für jeden (s. S. 66)

Diese Übung sollte nur mit Klassen gespielt werden, die gut im Kreis arbeiten können und in denen eine relativ positive Gruppenatmosphäre vorherrscht.

Erzählen Sie zur Einleitung: Bei dieser Übung geht es darum, sich seine eigenen Fähigkeiten bewußt zu machen, zu überlegen, was man gut kann, und dazu zu stehen. Das ist nicht Angeben! Nun beantwortet jeder für sich die Fragen. Anschließend lesen sich die Jugendlichen ihre Antworten gegenseitig vor.

Auswertung: Fragen Sie die Jugendlichen, wie es ihnen beim Ausfüllen, Erzählen und Zuhören ging. Was ist der Unterschied zwischen „Angeben" und „zu seinen Fähigkeiten stehen"?

Mein Wappen

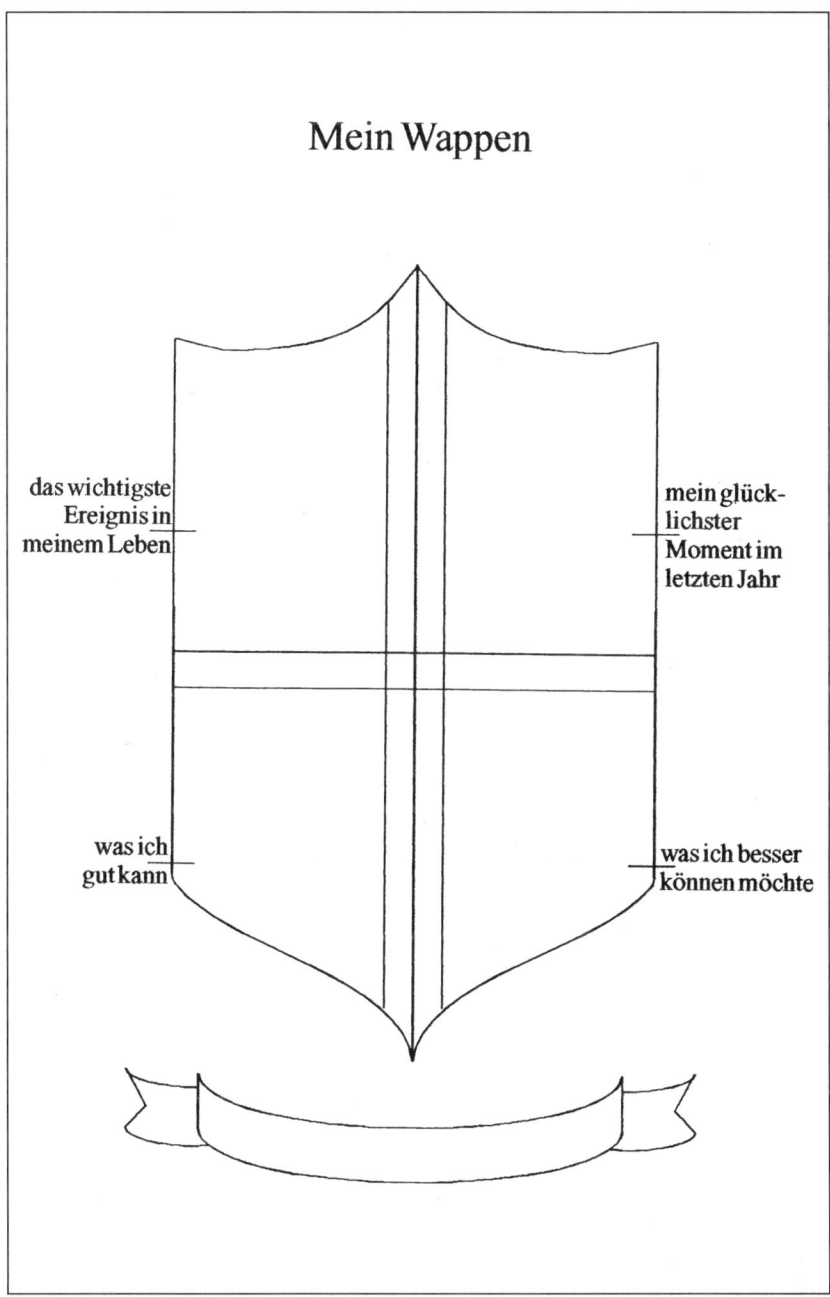

das wichtigste
Ereignis in
meinem Leben

mein glück-
lichster
Moment im
letzten Jahr

was ich
gut kann

was ich besser
können möchte

Arbeitsblatt: *Meine Fähigkeiten*

1. Ich kann ... (nenne mindestens fünf Fähigkeiten)
2. Mir gefällt an mir selbst ...
3. Anderen gefällt an mir ...

Lebenskreis *(mindestens zwei Schulstunden)*

Spielidee: Die Jugendlichen machen sich bewußt, welche Kräfte sie in ihrem Leben bis jetzt beeinflußt haben, und überlegen ihre Ziele.

Altersstufe: 9. bis 10. Klasse

Material: Stifte und zwei große Bogen Packpapier für jede Schülerin

Vorbereitung: einen eigenen Lebenskreis machen (s. Abb. S. 67)

Im ersten Teil der Übung geht es darum, sich über die Kräfte Gedanken zu machen, die bisher das eigene Leben beeinflußt haben. Im zweiten Teil überlegen die Jugendlichen, welche Ziele für sie anstehen und was sie unternehmen können, um diese Ziele zu verwirklichen. Die Übung erfordert viel Konzentration und Offenheit und wird nur einen Sinn haben, wenn die Jugendlichen sie ernst nehmen.

1. Teil: Jeder Schüler bekommt einen Bogen Packpapier und zeichnet darauf einen großen Kreis. Den Kreis teilt er wie einen Kuchen auf in die verschiedenen Bereiche, die ihn bis jetzt in seinem Leben beeinflußt haben bzw. die ihm viel bedeuten, z. B. Familie, Schule, Freundschaften, Sportverein, Kirche. Die Teile sollen in der Größe etwa dem Grad ihrer Wichtigkeit entsprechen – wenn der Sport eine größere Rolle im Leben des Jugendlichen spielt als die Schule, ist dieser Teil größer. Dann schreibt jede noch in die einzelnen Kreisabschnitte, in welcher Weise dieser Bereich sie beeinflußt hat.

Nach etwa 20 Minuten kommen selbstgebildete Kleingruppen zusammen, um sich ihre „Lebenskreise" gegenseitig vorzustellen und zu besprechen. Am Ende der Stunde können Sie die ganze Klasse fragen, ob sie durch die Übung neue Einsichten gewonnen haben bzw. was ihnen daran gefallen oder nicht gefallen hat.

2. Teil: Fassen Sie kurz zusammen, worum es beim ersten Lebenskreis ging. Bei den neuen Lebenskreisen geht es um die Ziele der einzelnen, z. B. in bezug auf ihre weitere Schullaufbahn oder ihre berufliche Zukunft. Im ersten Kreis notieren sie wieder jede für sich selbst ihre langfristigen Ziele (z. B.: Welchen

Lebenskreise

1. Kräfte, die mein Leben bisher beeinflußt haben

Familie

Schule

Freundschaften

Sportverein

Musik

...

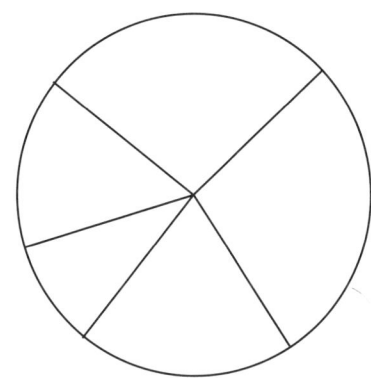

2. Meine langfristigen Ziele

3. Wie gehe ich vor, um die langfristigen Ziele zu erreichen?

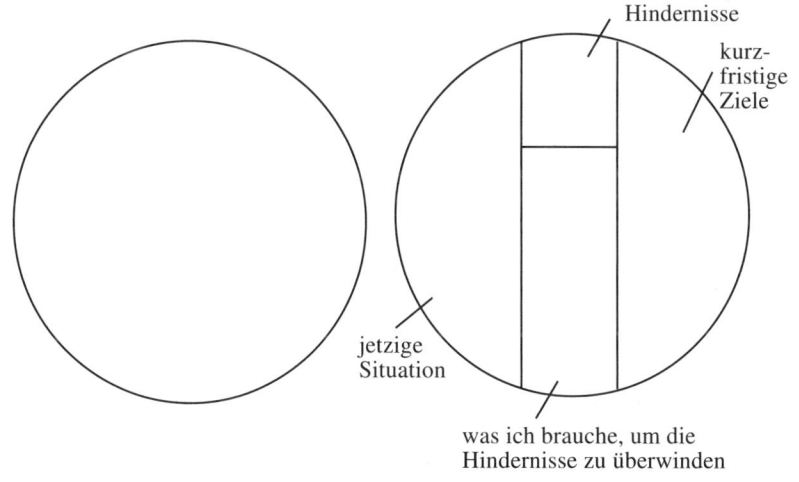

Hindernisse

kurz-
fristige
Ziele

jetzige
Situation

was ich brauche, um die
Hindernisse zu überwinden

Beruf möchte ich ergreifen? Wie möchte ich leben?). Im zweiten Kreis beschreiben sie links in Stichworten ihre momentane Situation. Im rechten Teil werden die kurzfristigen Ziele notiert. In die obere Mitte schreiben sie die Hindernisse, die ihren Zielen entgegenstehen. Darunter tragen sie ein, was sie brauchen, um diese Hindernisse zu überwinden. Diese zwei Kreise werden, wie oben, gemeinsam in der Kleingruppe besprochen.

Auswertung: Fragen Sie die Jugendlichen, was sie bei der Übung Neues über sich erfahren haben.

Abgewandelt nach einer Idee von Coover u. a., 1978, S. 137 ff.

Bestätigung von anderen

Die Jugendlichen bestätigen das Selbstwertgefühl von anderen.

Partnerinterview *(30 Min.)*

Material: evtl. Fragebogen ausarbeiten

Teilen Sie die Klasse in Paare auf, die sich möglichst noch nicht gut kennen. Die Paare setzen sich zusammen und interviewen sich gegenseitig über ihre Interessen, Eigenschaften und Vorlieben (nur Wahres! Keine erfundenen Geschichten). Geben Sie den Zeitrahmen an, z. B. drei oder fünf Minuten für jedes Interview. Anschließend bleiben die Paare zusammen und stellen sich gegenseitig im Kreis vor. Dabei dürfen sie nur darüber berichten, was der Partner gerade erzählt hat, also nichts, was sie sonst über ihn wissen oder gehört haben.

Variationen: Ausführlichere Interviews können die Schülerinnen mit Kassettenrekorder oder Videos durchführen.

Heinzelmännchen *(10 Min. am Ende einer Stunde, sonst läuft die Übung im Laufe des Schultages über etwa eine Woche nebenbei)*

Material: Stift und Zettel für jeden, Liste der „Heinzelmännchen"

Jede Schülerin schreibt den eigenen Namen auf einen Zettel und faltet ihn zusammen. Mischen Sie die Zettel in einem Behälter und verteilen Sie sie neu, wobei niemand sich selber ziehen darf, noch verraten darf, wen er gezogen hat.

Jetzt erklären Sie das Spiel: Für den Mitschüler, den man gezogen hat, ist man das „Heinzelmännchen". Das bedeutet, daß man innerhalb eines bestimmten Zeitraumes, z. B. eine Woche, für diesen Jugendlichen etwas Nettes machen muß, ohne besonders aufzufallen. Wer Heinzelmännchen für wen war, wird erst später verraten. Bedingung ist, daß die Sache nichts kostet. Es kann gleich gemeinsam überlegt werden, was das sein könnte. Sie sollten eine Liste aller

Heinzelmännchen anfertigen und in den nächsten Tagen immer wieder in der Klasse nachfragen, wer schon etwas von seinem Heinzelmännchen gemerkt hat und wer das vermutete Heinzelmännchen ist. (Das Spiel eignet sich gut für die Klassenreise.)

Erfahrungen: Bei dieser Übung ist es wichtig, daß für alle tatsächlich etwas gemacht wird. Wenn Sie Glück haben, entsteht so ein Eifer, Gutes zu tun, daß die Jugendlichen sich auch bei anderen anstrengen, nette Sachen zu tun, um als Heinzelmännchen nicht aufzufallen. Ein Problem ist, wenn jemand die ausgeloste Mitschülerin nicht leiden kann und sich weigert, etwas für sie zu tun.

Dieses Spiel habe ich durch Anita St. Claire kennengelernt.

Ich mag dich, weil ... *(etwa eine Schulstunde)*

Das Spiel sollte nur mit Klassen gespielt werden, die gut im Kreis arbeiten können und eine relativ positive Gruppenatmosphäre haben. Die Schüler sitzen im Kreis. Wer Lust hat, geht in die Mitte und setzt sich hin. Wer von den anderen Jugendlichen will, sagt, was sie an dieser Person mag, z. B. „Ich mag dein Lachen" oder „Ich mag an dir, daß du immer bereit bist, anderen zu helfen". Wichtig ist, daß sich die Jugendlichen zu Eigenschaften und Fähigkeiten ihrer Mitschülerinnen äußern und nicht zu Äußerlichkeiten (etwa „Ich mag deine neuen Ohrringe"). Die Teilnahme an dieser Übung ist absolut freiwillig.

Auswertung: Fragen Sie, was es für ein Gefühl war, in der Mitte zu sein bzw. dem Schüler in der Mitte etwas zu sagen.

Variation: Führen Sie die Übung für Geburtstagskinder durch.

Auseinandersetzung mit der Schule und der Rolle von Schülerinnen und Lehrerinnen

Die Jugendlichen machen sich bewußt, wie sie zur Schule und zu ihren Lehrerinnen stehen.

Mir gefällt an der Schule ... *(etwa 20 Min.)*

Material: Wandzeitungen, dicke Stifte

Die Klasse sitzt im Kreis. Die Sätze „Mir gefällt an der Schule ..." und „Mir gefällt an der Schule nicht ..." werden von der ganzen Klasse im Brainstormingverfahren zu Ende gedacht. Schreiben Sie die Antworten auf eine Wandzeitung, die alle gut sehen können. Bei der anschließenden Diskussion überlegt die Klasse, wo sich etwas ändern läßt (z. B. Umgestaltung des Klassenraums), wie, wann und von wem das gemacht werden kann.

Die ideale Klasse – die ideale Lehrerin *(45 Min.)*

Material: Fragebögen für die Schülerinnen und die Lehrerin

Bei dieser Übung geht es darum, wie Schülerinnen und Lehrerinnen sich gegenseitig sehen und einschätzen. Die Klasse beantwortet gemeinsam und schriftlich folgende Fragen:

❏ Wie stellt ihr euch die ideale Lehrerin vor?

❏ Was meint ihr, wie sich Frau ... (Ihr Name) die ideale Klasse vorstellt? Wie sollten ihrer Meinung nach die Jugendlichen sein?

Parallel dazu beantwortet die Lehrerin folgende Fragen:

❏ Wie wäre für mich die ideale Klasse?

❏ Wie stellen sich wohl die Schülerinnen dieser Klasse die ideale Lehrerin vor?

Auswertung: Vergleichen Sie Ihre Antworten mit denen der Klasse: Inwieweit stimmen sie miteinander überein, wo liegen Widersprüche, Überraschungen?

4.3 Kommunikation

Mißverständnisse, Mißtrauen und fehlende Kommunikation lösen häufig Ärger und Konflikte aus. Effektive Kommunikation ist eine wichtige Grundlage für gewaltfreie Konfliktaustragung. Durch effektive Kommunikation können aus Konflikten positive Lernerfahrungen werden. Das setzt allerdings die Bereitschaft voraus, sich mit den eigenen Wertvorstellungen, Wahrnehmungen, vorgefaßten Meinungen und dem eigenen Kommunikationsstil auseinanderzusetzen. Man muß auch zulassen können, daß andere anders bewerten, wahrnehmen, denken, sich anders mitteilen.

Ein Konflikt kann nur gewaltfrei ausgetragen werden, wenn:

❏ die Streitparteien über ausreichende Informationen verfügen,

❏ alle Beteiligten den Konflikt, d. h. auch die Sichtweise der anderen Seite verstehen oder zumindest akzeptieren,

❏ die Streitparteien in der Lage sind, ihre Anliegen, Gefühle und Wünsche zum Ausdruck zu bringen,

❏ die Streitparteien in der Lage sind, auf die Anliegen, Gefühle und Wünsche der anderen Seite einzugehen.

In diesem Kapitel wird aufgezeigt, wie diese Fähigkeiten im Rahmen der Schule vermittelt bzw. gemeinsam erarbeitet werden können.

Die hier vorgestellten Übungen und Spiele bauen inhaltlich und methodisch auf den ersten zwei Themenbereichen auf, insbesondere auf den Themenbereich „Förderung des Selbstwertgefühls". Zwischen Selbstwertgefühl und Kommunikation besteht eine Wechselwirkung. Effektive Kommunikation kann in einer Atmosphäre der gegenseitigen Akzeptanz besser vermittelt und gelernt werden als in einer feindseligen oder konkurrenzbeladenen Atmosphäre. Kinder, Jugendliche und Erwachsene, die über ein gesundes Selbstbewußtsein verfügen und ausgeglichen sind, werden eher bereit und in der Lage sein, sich mit Wertvorstellungen, Wahrnehmungen, Annahmen und Sichtweisen, die von ihren eigenen abweichen, konstruktiv auseinanderzusetzen und andere Kommunikationsstile als ihren eigenen zu akzeptieren. Andererseits tragen die Fähigkeit, sich mitzuteilen und auf andere einzugehen, und die Fähigkeit, mit Widersprüchen bei sich selbst und anderen umzugehen, zur Entwicklung eines gesunden Selbstbewußtseins bei.

Obwohl Kommunikation eine entscheidende Rolle in der Schule spielt und sogar einen Unterrichtsgegenstand bildet, wird sie eher selten direkt thematisiert. Das eigentliche Lehren nimmt häufig die Form der „Einweg-Kommunikation" an, d. h., die Lehrerin erteilt Informationen, die von den Jugendlichen aufgenommen werden (sollen). Unterrichtsgespräche sind zwar auf eine Interaktion zwischen Schüler- und Lehrerseite aufgebaut, aber meist werden Fragen gestellt, die auf Sachbezug orientiert sind (für die es nur eine richtige Antwort gibt), nicht auf Beziehungsaspekte. Dadurch werden kaum expressive oder kreative Sprachfunktionen gefördert. Nicht traditionelle Unterrichtsformen, sondern Gruppenunterricht, Binnendifferenzierung und entdeckendes Lernen schaffen Möglichkeiten, Interaktionsprozesse zwischen den Jugendlichen zu thematisieren und zu fördern. Kommunikation findet aber nicht nur zwischen Lehrerinnen und Schülerinnen oder im Unterricht statt. Wie kommunizieren Jugendliche im informellen Schulalltag miteinander? Vielen Lehrerinnen sind die schroffen Umgangsformen, der barsche Ton, die z. T. in Schulen und Klassen vorherrschen, fremd.

Die *geschlechtsspezifische Sozialisation* spielt bei der Kommunikation eine entscheidende Rolle. *Mädchen* werden in der Schule meistens als kommunikativer und einsichtiger erlebt als Jungen; sie sind eher in der Lage, ihre Gefühle zu äußern und auf andere einzugehen. Lehrerinnen bauen ihren Unterricht häufig – bewußt oder unbewußt – auf die kommunikativen Fähigkeiten der Mädchen auf, ohne diese aber ausdrücklich als soziale und interaktionelle Leistung ausdrücklich anzuerkennen. Trotz ihrer vorhandenen kommunikativen Fähigkeiten haben viele Mädchen Schwierigkeiten, sich bei Auseinandersetzungen mit Jungen zu behaupten.

Jungen dagegen sind meistens in der Lage, Gefühle wie Wut, Mut und Stärke auszudrücken, haben aber Schwierigkeiten, Fehler einzugestehen, Schwäche zu zeigen und Zuneigung ohne Aggression (z. B. zu Mädchen) auszudrücken. Allerdings verbergen sich hinter den Stärkegebärden der Jungen häufig ihre Selbstzweifel.

Die Übungen und Spiele zur Förderung der Kommunikationsfähigkeit sind hier nach vier inhaltlichen Schwerpunkten geordnet:

❏ Beobachten und wahrnehmen

❏ Sich verbal und nonverbal ausdrücken

❏ Zuhören und sich mitteilen

❏ Gefühle wahrnehmen, mit Gefühlen umgehen.

Fragen zur Einschätzung der Situation in der Klasse in bezug auf Kommunikation:

Kommunikation zwischen Lehrerin und Jugendlichen

1. Wie ist das Verhältnis zwischen Ihnen und der Klasse? Verläuft die Kommunikation zwischen Ihnen und den Jugendlichen eher „eingleisig" oder „zweigleisig"? Wovon hängt das ab? Wie würden Sie Ihre Beziehung zu den Mädchen in der Klasse bezeichnen, zu den Jungen, zu den ausländischen Jugendlichen, zu den deutschen Jugendlichen?

2. Wie gehen Sie mit dem Mitteilungsdrang oder der Verschlossenheit der Schülerinnen um?

3. Inwieweit schaffen Sie Gelegenheiten, mit den Jugendlichen über Themen zu sprechen, die nicht unmittelbar mit dem Unterricht zusammenhängen? Wie wirken sich solche Diskussionen auf das Klassenklima aus?

4. Wie teilen Sie Ihre Wünsche, Bedürfnisse und Kritik (ausländischen und deutschen) Mädchen mit? Wie gehen Sie auf die von Mädchen geäußerten Wünsche und Bedürfnisse, wie gehen Sie auf Kritik ein?

5. Wie teilen Sie Ihre Wünsche, Bedürfnisse und Kritik (ausländischen und deutschen) Jungen mit? Wie gehen Sie auf die von Jungen geäußerten Wünsche und Bedürfnisse, wie gehen Sie auf Kritik ein?

6. Wie würden Sie die kommunikativ-integrativen Leistungen der Mädchen und der Jungen in der Klasse beschreiben? Inwieweit erkennen Sie diese Leistungen an?

7. Sind Sie mit Ihrem Kommunikationsverhalten den Schülerinnen und Schülern gegenüber zufrieden? Wenn nicht, was möchten Sie daran ändern? Wie können Sie auf diese Änderungen hinarbeiten?

Kommunikation unter Schülerinnen und Schülern

1. Wie teilen sich die Jugendlichen untereinander mit? Welcher Umgangston herrscht? Welche Begrüßungsrituale gibt es? Wie reden die Kinder einander an: mit (spielerischen oder beleidigenden) Spitznamen, mit Vornamen, Nachnamen?

2. Wie verläuft die Kommunikation innerhalb der Mädchengruppe? Worüber reden (ausländische und deutsche) Mädchen? Wie teilen sie sich Sympathie und Anerkennung, Antipathie und Geringschätzung mit? Wie werden Nähe und Distanz ausgedrückt und wahrgenommen? Gibt es bestimmte Mädchen, die die Gruppe dominieren, „den Ton angeben"? Leiden andere darunter? Welche Emotionen und Körperhaltungen spielen bei den Beziehungen der Mädchen untereinander eine Rolle? Wie wirken sich diese auf das Klassenklima aus?

3. Wie verläuft die Kommunikation innerhalb der Jungengruppe? (Weitere Fragen entsprechend wie unter 2.)

4. Wie verläuft die Kommunikation zwischen Mädchen und Jungen? (Weitere Fragen entsprechend wie unter 2.)

5. Falls sich das Kommunikationsverhalten der Mädchen oder Jungen negativ auf das Klassenklima auswirkt: Wie möchten Sie das Verhalten der (ausländischen und deutschen) Mädchen bzw. Jungen ändern? Welche Schritte könnten Sie in diese Richtung übernehmen?

Kommunikation im Kollegium, Kommunikation zwischen Kollegium und Schulleitung

1. Wie offen verläuft die Kommunikation der Kolleginnen und Kollegen untereinander? Gibt es eine feste Sitzordnung im Lehrerzimmer? Wenn ja, wovon hängt sie ab (Sympathie, Gewohnheit, Raucher/Nichtraucher, Klassenstufe …)? Wird dadurch Kommunikation gefördert oder behindert? Welche Auswirkungen hat die „Cliquenbildung" auf das Klima im Kollegium? Welche Rolle spielen beispielsweise Freundschaften, welche Rolle spielt das Geschlecht?

2. Wie teilen Sie sich Ihren Kolleginnen und Kollegen mit? Wie bringen Sie Zustimmung (Lob), Forderungen und Kritik zum Ausdruck, und wie wird darauf eingegangen? Wie gehen Sie mit Zustimmung (Lob), Forderungen und Kritik von Ihren Kolleginnen und Kollegen um? Gibt es Kolleginnen und Kollegen, die Ihnen unsympathisch sind? Wie gehen Sie damit um? Wie wirkt sich die Antipathie auf die Zusammenarbeit aus?

3. Wie ist Ihre eigene Stellung im Kollegium? Bei wem können Sie Unterstützung holen? Wem geben Sie Unterstützung?

4. Wie offen verläuft die Kommunikation zwischen der Schulleitung und dem Kollegium? Werden Entscheidungen eher hierarchisch oder kooperativ getroffen? Welche Rolle spielt dabei das Geschlecht der Schulleiterin/des Schulleiters? Wie wirkt sich die räumliche Nähe/Distanz zwischen dem Büro der Rektorin und dem Lehrerzimmer auf das Kollegium aus? Wie ist das Verhältnis des Kollegiums und der Schulleitung zur Schulsekretärin und zum Hausmeister?

5. Inwieweit wirkt sich das Klima im Kollegium auf die Atmosphäre der Schule und auf die Beziehungen zu den Schülerinnen aus? Wie könnte die Kommunikation innerhalb des Kollegiums und zwischen dem Kollegium und der Schulleitung verbessert werden?

Beobachten und wahrnehmen

Die Jugendlichen sollen ihr Beobachtungs- und Aufmerksamkeitsvermögen schulen. Ihnen soll deutlich werden, daß viele Kommunikationsschwierigkeiten aus unterschiedlicher Wahrnehmung und Interpretation von Aussagen und Handlungen resultieren.

Die folgenden Übungen sind unterschiedlich anspruchsvoll; manche sollen sensibilisieren, andere Fähigkeiten einüben. Die Lernerfahrung mit der gleichen Übung kann je nach Alter und Entwicklungsstufe der Schüler sehr unterschiedlich sein.

Lauschen

Die Gruppe sitzt schweigend im Kreis. Die Jugendlichen schließen die Augen und konzentrieren sich zunächst auf die Geräusche außerhalb des Raumes. Fragen Sie nach ein bis zwei Minuten, was die einzelnen gehört haben. Dann schließen die Schülerinnen wieder die Augen und konzentrieren sich dieses Mal auf die Geräusche innerhalb des Raumes. Fragen Sie wiederum nach ein bis zwei Minuten nach diesen Geräuschen.

Wie mache ich ein Käsebrötchen?

Spielidee: eigene Aussagen mehrdeutig wahrnehmen

Material: ein Brötchen, ein Messer, ein großes Stück Käse, Margarine oder Butter

Bauen Sie die Materialien auf einem Tisch auf, sichtbar für alle. Erklären Sie: „Stellt euch vor, ich bin ein Marsmensch. Ich bin gerade auf der Erde angekom-

74

men und habe eine lange Reise hinter mir. Ich habe einen tierischen Hunger und habe mir gerade die Sachen für ein Käsebrötchen gekauft, was man wohl hierzulande ißt. Nun habe ich aber das Problem, daß ich nicht weiß, wie man ein Käsebrötchen macht. Könnt ihr mir das erklären?"

Führen Sie alle Anweisungen ganz genau aus – nur möglichst anders, als sie gemeint sind. Zum Beispiel, wenn jemand sagt: „Nimm das Messer in die Hand", fassen Sie es am falschen Ende an. Wenn gesagt wird: „Schneide das Brötchen in zwei Teile", schneiden Sie ein kleines Stück vom Ende ab. Oder wenn es heißt: „Streiche die Margarine auf das Brötchen", streichen Sie sie auf die falsche Seite.

Auswertung: Fragen Sie die Jugendlichen: Warum habe ich euch falsch verstanden? – Ich bin doch immer genau euren Anweisungen gefolgt! Welche Mißverständnisse kennt ihr aus der Schule, von zu Hause? Wie sind sie ausgegangen?

Erfahrungen: Nach anfänglicher Verwirrung wird die Klasse zum Schluß herzlich lachen. Einigen Lehrerinnen ist bei dieser Übung deutlich geworden, wie falsch ihre Arbeitsanweisungen möglicherweise verstanden werden könnten.

Zeichne ein Bild *(15–20 Min.)*

Spielidee: die Mehrdeutigkeit von Aussagen wahrnehmen

Altersstufe: 5. bis 6. Klasse

Material: Blatt und Stift für jeden

Vorbereitungen: einfache Bilder aussuchen und überlegen, wie sie altersgemäß beschrieben werden können

Jeder Schüler hat Papier und Stift vor sich. Fordern Sie die Jugendlichen auf, nach ihren Anweisungen ein Bild zu zeichnen. Während Sie die Anweisungen geben, dürfen sich die Schüler nicht austauschen oder sich gegenseitig das Bild zeigen. Verraten Sie erst am Schluß, um welche Darstellung es geht. Eine Schülerin kann das Bild an der Tafel zeichnen, ohne daß die anderen es sehen können. Die Anweisungen dürfen keine konkreten Hinweise enthalten auf das, was dargestellt werden soll, z. B. „wie ein Bein". Hier ein Beispiel:

(Schweinekopf) Zeichnet zwei kleine Kreise nebeneinander, die sich aber nicht berühren, und in der Mitte unter ihnen einen gleich großen Kreis. Jetzt zeichnet einen Kreis um diese drei Kreise herum … usw.

Nachdem die Jugendlichen ihre Bilder verglichen haben, teilt sich die Klasse in Paare auf. Jeder bekommt eine neue Zeichnung, die der Partnerin beschrieben wird.

Auswertung: Stellen sie der ganzen Gruppe folgende Fragen: War es leicht oder schwierig, die Bilder richtig zu zeichnen? Warum? Hast du immer klare und genaue Anweisungen erhalten und gegeben? Hat deine Partnerin deine Anweisungen manchmal nicht verstanden, obwohl dir völlig klar war, was du meintest? Passiert dir das manchmal auch sonst, wenn du versuchst, jemandem etwas zu erklären? Was machst du dann?

Variation: Die Schüler können eigene Bilder zeichnen und beschreiben.

Abgewandelt nach: Kingston Friends Workshop Group, 1985, S. 41 f.

Augenzeugen berichten *(15–20 Min.)*

Spielidee: das Beobachtungsvermögen schulen, unterschiedliche Wahrnehmung bewußtmachen

Material: je nach Inhalt des Sketches

Vorbereitung: Eine Kleingruppe soll sich vor der Stunde einen Sketch mit Details, die man sich nicht leicht merken kann, ausdenken und proben.

Die Gruppe sitzt im Kreis. Zur Einleitung erzählen Sie oder ein Schüler aus der Vorbereitungsgruppe folgende Geschichte:

Zwei Zeugen stehen vor Gericht. Der eine will ein weißes, die andere ein schwarzes Auto gesehen haben. Beide haben recht. Warum? (Weil das Auto auf der linken Seite weiß, auf der rechten Seite schwarz gespritzt war.) Der vorbereitete Sketch wird dann ohne Vorankündigung, aber möglichst spannungsgeladen vorgeführt. Es muß deutlich sein, daß es sich um einen Sketch und nicht um eine wirkliche Situation handelt. Hinterher erzählen die Zuschauerinnen, was sie gesehen haben. Wahrscheinlich werden sie unterschiedliche Versionen der Geschichte erzählen.

Auswertung: Stellen sie folgende Fragen an die Klasse: Welche Unterschiede gibt es bei den Nacherzählungen und warum (z. B. Schülerinnen saßen in verschiedenen Ecken des Raumes, einige hörten nicht intensiv zu oder konnten nicht gut hören, weil zu viel Krach war)? Die Gründe können aufgeschrieben werden, um bei zukünftigen Kommunikationsschwierigkeiten im Schulalltag darauf Bezug zu nehmen.

Abgewandelt nach: Prutzman u. a., 1988, S. 40

Aquarium-Spiel *(20–30 Min.)*

Spielidee: Diskussionsverhalten beobachten

Teilen Sie die Klasse in zwei Gruppen auf. Eine Kleingruppe geht in die Mitte und bekommt eine Diskussionsaufgabe, z. B. Überlegungen anzustellen, was die Klasse am Wandertag unternehmen sollte. Die anderen sollen das Gesprächsverhalten unter folgenden Gesichtspunkten beobachten: Sprechen alle Gruppenmitglieder? Hören sie sich gegenseitig zu? Hält jemand andere vom Sprechen ab? Ist jemand nervös oder abgelenkt? Schauen die Zuhörer den an, der gerade spricht? Sprechen alle Teilnehmerinnen laut und deutlich? Sprechen sie jeweils alle anderen Gruppenmitglieder mit an oder nur bestimmte? Hält sich die Gruppe an die Aufgabe? Erinnern euch die Verhaltensweisen der Diskutierenden an Situationen, die ihr selbst erlebt habt? An welche?

Auswertung: Bei der gemeinsamen Auswertung teilen die Außenstehenden ihre Beobachtungen mit. Es interessiert hier nicht der Inhalt der Diskussion, sondern das Verhalten der Beteiligten.

Variation: Die Gruppen tauschen (neues Thema vorgeben!). Aus den Beobachtungen können Gesprächsregeln für die Klasse abgeleitet werden.

Der Wolf, der in Verruf geriet *(20–30 Min.)*

Spielidee: Mißverständnisse bewußtmachen

Lesen Sie die Geschichte (s. unten) vor. Sie ist eigentlich bekannt, wird hier aber aus einer anderen Perspektive erzählt.

Geschichte: *Vom Wolf, der in Verruf geriet*

Ich lebte im Wald. Hier war mein Zuhause, um das ich mich gekümmert habe. Stets habe ich mich bemüht, ihn ordentlich und sauber zu halten.

Eines sonnigen Tages, während ich etwas Müll wegräumte, der von Menschen beim Picknick liegen gelassen wurde, hörte ich Schritte. Als ich hinter einem Baum hervorschaute, sah ich ein Mädchen mit einem Korb den Weg herunterkommen. Sie schien mir sofort verdächtig, weil sie so komisch angezogen war, ganz in Rot, den Kopf bedeckt, als ob sie nicht erkannt werden wollte.

Nun, ich weiß, daß ich die Menschen nicht nach ihrem Äußeren beurteilen soll, aber sie war in meinem Wald, und ich fand es nur richtig, ein bißchen mehr über sie zu erfahren. Ich habe sie gefragt, wer sie sei, wo sie herkomme – lauter solche Sachen eben. Zuerst sagte sie spröde, daß sie nicht mit Fremden spreche. Mit Fremden? Und das ausgerechnet zu mir, der eine ganze Familie im Wald aufgezogen hatte. Dann hat sie sich ein bißchen beruhigt und erzählte mir eine Geschichte über ihre Großmutter. Die sei krank – der wollte sie im Korb das Mittagessen bringen. Eigentlich schien sie eine ehrliche Person zu sein, aber ich dachte, sie müßte mal lernen, daß es sich nicht gehört, verdächtig und unpassend angezogen durch das Zuhause von jemand anderem zu laufen.

Ich habe sie ihren Weg gehen lassen, aber ich lief ihr voraus zum Haus der Großmutter. Als ich diese nette alte Frau sah, erklärte ich ihr die Situation, und sie stimmte mir zu, daß ihre Enkelin etwas mehr Rücksicht lernen müßte. Wir haben ausgemacht, daß sie unsichtbar bleiben sollte, bis ich sie rief – in Wirklichkeit versteckte sie sich unter dem Bett.

Als das Mädchen ankam, rief ich es ins Schlafzimmer, wo ich in der Kleidung der Großmutter im Bett lag. Sie kam herein mit ihren roten Backen und machte eine kränkende Bemerkung über meine großen Ohren. Ich bin schon mal beleidigt worden, also habe ich das Beste daraus gemacht und ihr gesagt, daß meine großen Ohren mir helfen würden, sie besser zu hören. Nun, was ich damit meinte, war, daß ich sie mochte und daß ich genau aufpassen wollte, was sie mir sagte. Aber sie machte noch eine vorwitzige Bemerkung über meine großen Augen. Sicher könnt ihr euch vorstellen, wie sich meine Gefühle für dieses kleine Mädchen entwickelten, das auf den ersten Blick so freundlich erschien, tatsächlich aber eine sehr unangenehme Person war. Da ich aber gelernt habe, einiges an Ärger still zu schlucken, sagte ich nur, daß meine großen Augen mir helfen, sie besser zu sehen.

Ihre nächste Beleidigung ging aber nun wirklich zu weit. Ich habe nun mal ein Problem mit meinen zu großen Zähnen – und dieses kleine Mädchen hatte nichts Besseres zu tun, als mich auch noch darauf anzusprechen, einfach so. Ich weiß, ich hätte mich besser unter Kontrolle halten sollen, aber ich sprang aus dem Bett hoch und knurrte, daß meine Zähne mir helfen würden, sie besser aufzufressen!

Also, um es klipp und klar zu sagen: Kein Wolf würde jemals ein Mädchen auffressen. Jeder weiß das. Aber dieses alberne Kind begann, schreiend durch das Haus zu laufen. Ich bin ihr nachgelaufen und habe versucht, sie zu beruhigen. Ich hatte die Klamotten der Großmutter wieder ausgezogen. Aber das schien die Situation nur schlimmer zu machen. Dann krachte plötzlich die Tür auf, und ein Kerl von der Forstbehörde, fast zwei Meter groß, stand da mit einer Axt in der Hand. Ich habe ihn angeschaut, und es war klar, daß ich in großen Schwierigkeiten steckte. Hinter mir war das offene Fenster – also sprang ich raus.

Schön wär's, wenn die Geschichte damit zu Ende wäre. Aber die Großmutter hat leider nie meine Seite der Geschichte erwähnt. Bald begann man zu erzählen, daß ich eine fürchterliche Kreatur wäre, der man nicht trauen dürfe. Ich weiß nicht, wie es nachher weiterging mit dem kleinen Mädchen in den komischen roten Klamotten, aber ich jedenfalls lebe nicht glücklich bis an mein Ende.

Erörtern Sie mit der Klasse anschließend folgende Fragen:

Auf die Geschichte bezogen: Inwieweit ist die Geschichte anders als die, mit der ihr vertraut seid? Welche Mißverständnisse kamen in der Geschichte vor?

Welche Konsequenzen hatten sie? Wie hätten sie vermieden werden können?

Auf den Alltag bezogen: Welche Mißverständnisse habt ihr in der Familie, im Freundeskreis, in der Schule erlebt? Welche Auswirkungen hatten diese Mißverständnisse auf eure Beziehungen? Wie hättet ihr sie vermeiden können?

Wer kann von einer Situation berichten, in der sie oder er Begebenheiten oder Personen anders beurteilt hat als ein anderer? Wie seid ihr damit umgegangen?

Variationen: Als Weiterführung dieser Übung kann die Klasse andere bekannte Geschichten oder Märchen neu schreiben oder erzählen, z. B. Aschenputtel aus der Perspektive der Stiefmutter. Hierzu gibt es mehrere Möglichkeiten, z. B. im Kreis herumgehen, jede trägt einen Satz bei (man darf passen) oder Kleingruppen erfinden und schreiben ihre eigenen Geschichten neu und tragen sie hinterher den anderen vor.

Abgewandelt nach: Kingston Friends Workshop Group, 1985, S. 69 ff. (Originaltext von Leif Fern, San Diego, Kalifornien)

Wahrnehmung

Sprechen Sie mit den Jugendlichen darüber, wie schwierig es ist, jemanden wirklich zu verstehen bzw. wirklich von jemandem verstanden zu werden. Obwohl wir wissen, daß wir unterschiedlich sind, gehen wir häufig davon aus, daß andere genauso denken, fühlen und handeln (wollen) wie wir selbst. Aber jeder ist anders und hat eine andere Wahrnehmung, andere Wünsche und Erwartungen, handelt anders. Manchmal reagieren wir unterschiedlich auf die gleiche Situation, den gleichen Menschen, die gleichen Anforderungen. (An dieser Stelle können Sie ein Beispiel aus der Klasse oder aus dem eigenen Erfahrungsbereich anbringen.)

Zeigen Sie der Klasse das Bild der Frau auf der nächsten Seite und fragen Sie, was sie sieht. Helfen Sie durch Fragen denen, die zunächst nur einen Aspekt des Bildes sehen.

Anschließend werden folgende Fragen besprochen:

Auf das Bild bezogen: Warum haben manche Schülerinnen eine junge Frau, andere eine alte Frau gesehen? Gibt es eine „richtige" Wahrnehmung des Bildes? Kann jemand beide Aspekte gleichzeitig sehen?

Auf den Alltag bezogen: Kann die unterschiedliche Wahrnehmung einer Situation, einer Aussage oder einer Handlung zum Konflikt führen? Wer kann ein Beispiel nennen? Wie kann man solche Konflikte konstruktiv lösen?

Auswertung: Schließlich kann festgestellt werden, daß es oft keine objektive Wahrheit gibt, sondern viele Wahrheiten, weil Menschen aufgrund ihrer Vorer-

fahrungen und ihrer psychischen Befindlichkeit unterschiedlich wahrnehmen. Was eine Person als bedrohlich erlebt (z. B. die Begegnung mit einem fremden Hund), stört eine andere überhaupt nicht oder wird vielleicht sogar als angenehm erlebt. Unterschiedliche Wahrnehmung beeinflußt maßgeblich unser soziales Miteinander.

Gestaltpsychologische Erklärung: Wahrnehmung und Stimulus müssen nicht identisch sein. Bei dem Bild unterscheidet man zwischen Figur und Hintergrund, die austauschbar sind. Die Wahrnehmung des Subjekts hängt von seinen Erfahrungen ab.

Sich verbal und nonverbal ausdrücken

Hier geht es um die Wahrnehmung des eigenen Körpers sowie darum bewußtzumachen, wie sich Körperhaltung, Gesichtsausdruck und Stimmlage auf die Kommunikation auswirken. Die Jugendlichen setzen sich mit nonverbalen Kommunikationsformen und mit dem Unterschied zwischen Inhalt und Form einer Aussage auseinander.

Rücken-Botschaften

Spielidee: für nonverbale Ausdrucksformen sensibilisieren

Die Klasse teilt sich in Paare auf. Ohne miteinander zu sprechen, zeichnen oder schreiben die Jugendlichen sich gegenseitig Botschaften auf den Rücken und sollen raten, was gemeint ist.

Auswertung: Fragen Sie die Schülerinnen, wie sie die Übung empfanden. Was hat euch gefallen, was nicht?

Körpersprache *(etwa 30 Min.)*

Altersstufe: 5. bis 7. Klasse

Die Übung hat drei Teile, die entweder nacheinander oder über einige Stunden verteilt durchgeführt werden können. Bei allen Übungen sitzt die Klasse im Stuhlkreis.

Teil 1: Führen Sie kurz den Begriff „Haltung" ein: Was ist Haltung, was vermittelt Haltung (z. B. Gefühle, Einstellungen)? Die Schüler sollen mehrere Haltungen nacheinander ausprobieren.

Anweisungen: Setzt euch mit hocherhobenem Kopf und geradem Rücken an den Stuhlrand – Lehnt euch in dem Stuhl weit zurück, Kopf hoch, Beine übereinandergeschlagen, Arme gefaltet – Lehnt euch in dem Stuhl weit zurück, laßt den Kopf hängen, das Kinn ruht auf der Hand – Steht auf, laßt Kopf und Schultern hängen, verschränkt die Arme hinter den Rücken – Bleibt mit gesenktem Kopf stehen, kreuzt die Beine, Hände in den Taschen – Bleibt stehen, Kopf hoch, Schultern zurück, Füße etwas auseinander, Arme verschränkt – Bleibt stehen, Füße weit auseinander, Hände auf den Hüften.

Auswertung: Fragen Sie die Jugendlichen jedesmal, wenn sie eine Haltung eingenommen haben:

❏ Welches Gefühl löst bei euch diese Haltung aus?

❏ Welchen Eindruck vermittelt sie auf andere?

❏ In welchen Situationen nehmt ihr diese Haltung ein?

❏ Ist diese Haltung eher für Mädchen oder für Jungen typisch? Warum?

Teil 2: Einzelne spielen die angegebenen Gefühle pantomimisch vor. Die anderen raten, welches Gefühl ausgedrückt werden soll.

Anweisungen: Laufe müde durch den Raum – Laufe wütend durch den Raum – Laufe glücklich, traurig usw. durch den Raum

Auswertung: Fragen Sie die Schülerinnen, warum Bewegungen und Gesichtsausdrücke manchmal unterschiedlich wahrgenommen werden.

Teil 3: Führen Sie den Begriff „Körpersprache" (Haltung, Mimik, Gestik) kurz ein: Was ist Körpersprache, was vermittelt Körpersprache (z. B. Gefühle)?

Bei der folgenden Übung zeigt jeder durch die Körpersprache wort- und geräuschlos, wie es ihm in der angegebenen Situation gehen würde.

Anweisungen (für alle): Stell dir vor, du sitzt im Wartezimmer der Zahnärztin – du sitzt als einzige Jugendliche in einer Gruppe von Erwachsenen – du bist beim Fußballspiel, und deine Mannschaft hat gerade ein Tor geschossen ... die andere Mannschaft hat ein Tor geschossen – du schaust im Fernsehen eine aufregende Sendung an ... einen Gruselfilm – du wirst gleich selbst im Fernsehen auftreten.

Stell dir vor, ich sage: Die Pause dauert heute 10 Minuten länger als sonst – Morgen schreibt ihr eine große Arbeit – Ich mag dich – Du gehst mir auf die Nerven. Stell dir vor, du willst mir sagen: Ich weiß nicht – Du hast mir weh getan – Es ist mir egal – Ich hau dir gleich eine – Es tut mir leid.

Auswertung: Fordern Sie die Jugendlichen auf, in den nächsten Tagen auf ihre eigene Körpersprache und auf die ihrer Klassenkameraden besonders zu achten. Kann man dadurch sich selbst und andere besser einschätzen, Konflikte vermeiden oder mit Konflikten besser umgehen? Kommen Sie in den nächsten Tagen wieder auf das Thema zurück.

Abgewandelt nach: Cihak und Heron, 1980, S. 62 ff.

Du spinnst wohl! *(15–20 Min.)*

Spielidee: Unterschiedliche mündliche Ausdrucksweisen ausprobieren

Material: Kärtchen

Die Gruppe sitzt im Stuhlkreis. Geben Sie einer Schülerin ein Kärtchen mit einem Statement (z. B.: Du spinnst wohl!) und fordern Sie sie auf, es der linken Nebenperson überzeugend mündlich vorzutragen. Das Statement macht dann die Runde, und nach jeder Runde gibt es ein neues Statement, das jedesmal von einer anderen Person eingeführt wird.

Auswertung: Besprechen Sie mit der Klasse, wie die Statements vorgetragen und angenommen wurden. Was war der Unterschied zwischen dieser Runde und sonstigen Situationen, in denen solche Sachen gesagt werden?

Vorschläge für Aussagen: Das hast du toll gemacht – Ich will dich nie wieder sehen! – Das stimmt doch überhaupt nicht! – Halt dich da 'raus, das geht dich nichts an! – Du bist unmöglich! – Geh weg, ich will dich jetzt nicht sehen! –

Wenn ich das sage, dann meine ich das auch! – Hör auf, das stört mich! – Laß mich in Ruhe!

Variation: Die Jugendlichen erfinden selber die Statements.

Erfahrungen: Eine Lehrerin wandte gegen diese Übung, bei der unterschiedliche Ausdrucksweisen ausprobiert werden, ein, hiermit würden negative Äußerungen bestärkt. Wenn diese Befürchtung besteht, sollte die Übung lieber nicht durchgeführt werden. Unsere Beobachtung war aber eher, daß die Übung den Schülerinnen viel Spaß machte, weil sie verschiedene Stimmlagen und Ausdrucksweisen für die gleichen Aussagen ausprobieren konnten und weil sie als Nichtbetroffene ihren negativen Gefühlen Ausdruck verleihen durften.

Abgewandelt nach einer Idee von Kreidler, 1984

Rollenspiel „Widersprüchliche Aussagen"

Spielidee: für die Notwendigkeit der kongruenten Vermittlung verbaler und nonverbaler Aussagen sensibilisieren

Material: zwei Exemplare der Angaben zum Rollenspiel – gegebenenfalls altersgemäß ändern

Vorbereitung: Das Rollenspiel einüben – es wird möglichst von zwei Lehrerinnen, ansonsten von einer Lehrerin und einer Schülerin durchgeführt.

Sagen Sie der Klasse, daß ein Rollenspiel vorgespielt wird. Sie sollen aufpassen, was passiert.

Beim Rollenspiel macht die erste Person folgende Aussage in der angegebenen Weise, die zweite Person hört zu und reagiert spontan: Es tut mir leid! Entschuldige (lachend) – Ich haue dir gleich eine (scheu, zurückhaltend) – Hör auf, ich mag das nicht (verschüchtert) – Ich kann alles! Ich habe vor nichts und niemandem Angst (ängstlich) – Doch, es macht mir Spaß, ich freue mich (gelangweilt) – Das ist aber interessant, was du erzählst. Erzähl mal weiter (uninteressiert, mit etwas anderem beschäftigt).

Auswertung: Fragen Sie die Jugendlichen nach dem Rollenspiel, was ihnen dabei aufgefallen ist. Was hat den stärkeren Eindruck hinterlassen – die Worte oder der Ton? Habt ihr selber schon mal eine widersprüchliche Aussage gemacht? Was habt ihr gesagt, und wie habt ihr euch dabei verhalten? Wie war die Reaktion? Welche widersprüchlichen Aussagen kennt ihr von anderen? Wie reagiert ihr darauf?

Variation: Anschließend können die Kinder versuchen, selber widersprüchliche Aussagen zu machen und zu sagen, wie sie wirken.

Zuhören und sich mitteilen

Die Jugendlichen setzen sich mit der Bedeutung des Begriffs „Zuhören" auseinander und üben konstruktives Zuhören ein. Außerdem üben sie, sich effektiv mitzuteilen. Schüler verbinden den Begriff Zuhören meist mit der Aufforderung, bei Informationen und Arbeitsanweisungen aufzupassen. Bei diesen Übungen geht es nicht vorrangig um Aufpassen, sondern um differenziertes Zuhören und differenzierte Mitteilung. Einige Übungen verdeutlichen beispielsweise, wie viele Möglichkeiten es gibt, jemanden anzusprechen (z. B. aggressiv, bettelnd, selbstbewußt), und daß die Art der Ansprache sehr unterschiedliche Reaktionen bewirkt.

Gutes und schlechtes Zuhören *(30–45 Min.)*

Material: Wandzeitungen und Stifte

Vorbereitung: Bereiten Sie mit einer Kollegin oder einer Schülerin ein kurzes Rollenspiel vor, bei der eine etwas erzählt, was ihr wirklich widerfahren ist, und die andere zuhört.

Kündigen Sie der Klasse lediglich an, daß Sie jetzt ein Rollenspiel vorführen. Die Klasse soll aufpassen, worum es geht. Die Erzählerin fängt mit ihrer Geschichte an, und die Zuhörerin hört zunächst ganz schlecht zu (unterbricht ständig, spielt mit Schlüsseln oder anderen Gegenständen, lenkt vom Thema ab, erzählt von eigenen Erfahrungen, erteilt ungebetene Ratschläge). Brechen Sie nach einigen Minuten das Rollenspiel ab und fangen Sie von vorn an, mit dem Unterschied, daß die Zuhörerin diesmal gut zuhört, d. h., sie wendet sich ihrer Partnerin zu, zeigt Einfühlungsvermögen, stellt anteilnehmende Fragen. Anschließend erzählen die Schüler, was ihnen beim Rollenspiel aufgefallen ist und woher sie solche Situationen kennen.

In einem zweiten Schritt sammelt die Klasse im Brainstormingverfahren Antworten zu der Frage: „Woran merkst du, wenn dir jemand schlecht zuhört?" bzw. „Woran merkst du, wenn dir jemand gut zuhört?" In Paaren können die Schülerinnen schlechtes und gutes Zuhören ausprobieren.

Auswertung: Fragen Sie die Jugendlichen, wie sie sich in den verschiedenen Rollen gefühlt haben. Fragen Sie außerdem: Wie oft habt ihr das Gefühl, daß euch wirklich jemand zuhört? Wer hört euch zu und in welchen Situationen? Was ist das für ein Gefühl? Wie oft hört ihr anderen richtig zu? Ist das wichtig? Warum oder warum nicht?

Erfahrungen: Die Reaktion einer 6. Klasse auf das von ihrem Lehrer und mir vorgeführte Rollenspiel „Gutes und schlechtes Zuhören" war lauter Protest. Das schlechte Zuhören ging den Schülern auf die Nerven – sie waren der Meinung, wir machten sie nach – was aber gar nicht beabsichtigt war. Vielleicht haben sie für einen kurzen Augenblick erfahren, was ihre Lehrkräfte täglich aushalten müssen.

Diese Übung habe ich bei der Kingston Friends Workshop Group (England) kennengelernt.

Muster legen *(15–20 Min.)*

Spielidee: mögliche Kommunikationsschwierigkeiten bewußtmachen

Material: für jedes Schülerpaar zwei Umschläge gleichen Inhalts, nämlich ausgeschnittene bunte Pappformen (z. B. Kreise, Dreiecke, Vierecke – Schwierigkeitsgrad je nach Alter)

Teilen Sie die Klasse in Paare auf. Jedes Paar bekommt zwei Umschläge mit den Pappformen. Die Paare setzen sich Rücken an Rücken hin, so daß sie nicht sehen können, woran der andere arbeitet. Ein Jugendlicher legt ein Muster vor sich hin und beschreibt es so, daß der andere es nachlegen kann. Wenn beide der Meinung sind, daß das Muster stimmt, sehen sie nach – häufig stimmt es nämlich nicht! Mißverständnisse sollten gleich aufgeklärt werden. Dann werden die Rollen getauscht und das Spiel wiederholt.

Auswertung: Fragen Sie die ganze Klasse, was ihnen an der Übung schwer oder leicht fiel. Wodurch entstanden Mißverständnisse? Habt ihr euch an andere ähnliche Situationen erinnert gefühlt? Welche?

Abgewandelt nach: Kingston Friends Workshop Group, 1985, S. 41 f.

Spiegeln 3-2-1 *(etwa 45 Min.)*

Spielidee: Zuhören und Wiedergeben des Gesagten einüben

Material: eventuell Postkarten oder Bilder aus Zeitschriften

Vorbereitung: eventuell die Bilder auf einem für alle zugänglichen Tisch auslegen

Erklären Sie zuerst, was hier unter „Spiegeln" gemeint ist: Es geht darum, das, was jemand anderer gesagt hat, zusammenzufassen und inhaltlich so genau wie möglich wiederzugeben. Zwei Schüler probieren dies vor der Klasse aus: Schüler A erzählt drei Minuten lang etwas über ein vorgegebenes Thema – Bedingung ist, daß das Erzählte wahr sein muß. Danach faßt Schüler B in etwa zwei Minuten zusammen, was er gehört bzw. behalten hat, und A hört zu, ohne zu unterbrechen. Im letzten Schritt erhält A die Gelegenheit, die Zusammenfassung von B in einer Minute zu korrigieren.

Anschließend teilt sich die Klasse in Paare auf, um „Spiegeln" zu üben. Wichtig ist, daß die Rollen getauscht werden, damit jede sowohl zuhören als auch erzählen kann.

Auswertung: Besprechen Sie folgende Fragen mit den Jugendlichen: Welche Rolle fiel euch leichter – die der Zuhörerin oder die der Erzählerin? Warum? Was war schwierig beim Zuhören? Was war schwierig beim Zusammenfassen (z. B. die eigenen Meinungen und Empfindungen nicht zum Ausdruck zu bringen)?

Variationen: Zeitschriftenbilder oder Postkarten können den Sprechanlaß bieten. Jede sucht sich ein Bild aus und erzählt dazu etwas (z. B.: Warum habe ich das Bild ausgesucht? Woran erinnert es mich? Welche Gefühle löst es in mir aus?). Ihre Partnerin faßt dann das Gesagte zusammen.

Aktives Zuhören *(45 Min.)*

Vorbereitung: eventuell Vorführrollenspiel mit zwei Schülerinnen einüben

Der Begriff „Aktives Zuhören" wurde von Thomas Gordon, Autor des Buches *Lehrer-Schüler-Konferenz,* geprägt.

Die/der Zuhörende faßt bei aktivem Zuhören das Gesagte zusammen, spricht aber auch die (explizit ausgedrückten oder vermuteten) Gefühle und Stimmungen der Erzählenden an. Die Zuhörerin beurteilt und kritisiert nicht, darf aber relevante Fragen stellen (z. B. nach den Gefühlen und Wünschen) und Interesse zeigen. Die Zuhörende soll mit der Erzählenden Blickkontakt aufnehmen und sich ihr körperlich zuwenden.

Zur Veranschaulichung kann folgender Dialog von zwei Schülern kurz vorgeführt werden:

A: Bei dieser blöden Mathearbeit habe ich eine Drei geschrieben. Ich hatte alles gelernt, was uns die Lehrerin aufgegeben hatte, aber dann kam was anderes in der Arbeit dran. Blöde Ziege!

B: Du hast bei der letzten Mathearbeit eine Drei geschrieben, obwohl du vorher gelernt hast. Ich habe den Eindruck, du ärgerst dich immer noch, besonders über die Lehrerin.

A: Ja, weil ich eben das gelernt hatte, was sie uns vorher aufgab – aber dann fragte sie in der Arbeit was anderes.

B: Und das fandest du unfair?

A: Ja.

B: Hast du ihr das gesagt?

A: Nein.

B: War es besonders wichtig, bei dieser Arbeit gut abzuschneiden?

A: Ja, weil wir bald Zeugnisse kriegen, und ich möchte schon gerne eine Empfehlung für das Gymnasium bekommen. Das wird bei einer Drei in Mathe nicht klappen.

B: Was könntest du machen, um deine Note aufzubessern?

A: Ich könnte noch mehr lernen.

B: Und gibt es etwas, was du der Lehrerin sagen oder sie fragen könntest?

usw.

Die Klasse übt dann aktives Zuhören in Dreiergruppen, so daß jede einmal dran ist als Sprecherin, Zuhörerin und Beobachterin, die aufpaßt, ob die Regeln eingehalten werden.

Auswertung: Fragen Sie die Schüler, was ihnen an der Übung gefallen bzw. nicht gefallen hat. An die Zuhörenden: War es schwierig, die Gefühle herauszubekommen und anzusprechen? Für die Sprechenden: Was hat es bewirkt, die eigenen Gefühle benannt zu bekommen?

Variation: Das Thema des Gesprächs vorgeben, z. B.: „Als ich letztens in einen Streit verwickelt war bzw. einen Streit beobachtete …“

Du-Botschaften, Ich-Botschaften *(25 Min.)*

Spielidee: üben, ein Anliegen vorzutragen, ohne den anderen anzugreifen

Vorbereitung: Wandzeitung, Tafelbild oder Arbeitsblatt mit Angaben zu „Ich-Botschaften“ erstellen und eventuell eigene Beispiele aus dem Alltag der Schülerinnen und Schüler überlegen

Die Begriffe „Du-Botschaften“ und „Ich-Botschaften“ stammen ebenfalls von Thomas Gordon. Erklären Sie der Klasse ihren Inhalt und Zweck. Mit einer Du-Botschaft greift man jemanden an, z. B. wenn A B auf den Fuß tritt und B mit den Worten reagiert: „Du Blödmann! Was soll das?“ Die Du-Botschaft vermittelt also eine direkte Information bzw. Meinung über die angesprochene Person („du bist blöd“), aber nur eine indirekte Information über den Angreifer („ich ärgere mich“). Bei einer Ich-Botschaft versucht man, das eigene Anliegen und die eigenen Gefühle zu benennen und zu begründen, ohne die andere Person anzugreifen. Das heißt, man problematisiert *das Verhalten* der anderen und nicht die Person selbst. Die Ich-Botschaft enthält folgende Informationen:

(a) Wenn … passiert … (störendes Verhalten der/des anderen),

(b) geht es mir … (eigenes Gefühl benennen),

(c) weil … (Auswirkung des Verhaltens auf mich).

Tragen Sie der Klasse folgende Beispiele zur Veranschaulichung vor:

Du-Botschaft (Schwester zum Bruder): „Das darf doch nicht wahr sein! Du Idiot! Du hast alle Kekse aufgegessen!" Ich-Botschaft: „Wenn ich nach Hause komme und die Kekse alle sind, ärgert es mich, und ich bin enttäuscht, weil ich mich so sehr darauf gefreut habe."

Du-Botschaft (Lehrerin zur Schülerin): „Du hast schon wieder nicht aufgepaßt und weißt nicht, was du jetzt tun sollst." Ich-Botschaft: „Wenn du im Unterricht nicht aufpaßt, ärgert es mich, weil ich dir noch mal die Aufgabe erklären muß, die ich eben für alle erklärt habe. Das ist doppelte Zeit für eine Sache, und es bedeutet, daß ich weniger Zeit für die anderen habe."

Übung: Nun überlegen die Schülerinnen eine Situation, bei der sie sich über jemanden geärgert haben. Wer will, soll eine Situation schildern und sie mit der Nachbarin vorspielen. Zuerst wird die wirkliche Reaktion vorgespielt (wahrscheinlich eine Du-Botschaft, eine destruktive Bewegung oder keine sichtbare Reaktion, also den Ärger einstecken), dann formuliert die Schülerin eine Ich-Botschaft. Die Nachbarin soll spontan reagieren und anschließend berichten, wie die zwei Botschaften auf sie gewirkt haben. Die Jugendlichen formulieren nacheinander Du- und Ich-Botschaften.

Auswertung: Besprechen Sie mit der Klasse, warum es so ungewohnt ist, Ich-Botschaften zu formulieren. Was bewirkt die Ich-Botschaft bei sich selber, beim Gegenüber? Wie kann sich eine Ich-Botschaft auf einen Streit auswirken? Wie kann man innehalten, um eine Ich-Botschaft zu formulieren, wenn einem eher danach ist, dem anderen weh zu tun?

Gesprächsregeln *(30 Min.)*

Spielidee: sich auf Gesprächsregeln für die gemeinsame Arbeit in der Klasse einigen

Material: Wandzeitung und dicke Stifte

Die Klasse bekommt die Aufgabe, im Hinblick auf die vorangegangenen Übungen Gesprächsregeln für die gemeinsame Arbeit zu formulieren. Diese sollten von der ganzen Klasse besprochen und einvernehmlich beschlossen, dann an die Wand für alle lesbar aufgehängt werden.

Variationen: Zur Erarbeitung der Gesprächsregeln kann sich die Klasse in Kleingruppen aufteilen. Eine weitere Möglichkeit ist, eine Arbeitsgruppe mit der Formulierung der Regeln zu beauftragen; bei der Besprechung im Plenum können einzelne Regeln revidiert oder wieder gestrichen werden. In beiden Fällen sollen die Regeln von der gesamten Klasse gemeinsam beschlossen werden.

Zusätzlich zu den Gesprächsregeln kann die Klasse Verhaltensregeln für den Umgang miteinander im Klassenraum vereinbaren.

Nette und gemeine Sachen *(jeweils 30 Min. an verschiedenen Tagen)*

Spielidee: Jugendlichen die positiven und negativen Ausdrücke, die sie im täglichen Umgang miteinander benutzen, bewußtmachen und die Auseinandersetzung darüber in Gang bringen

Material: Stifte und Papier für Kleingruppen

Vorbereitung: zwischen den Terminen Dialog für das Rollenspiel schreiben und einüben

Die Jugendlichen schreiben zu zweit oder zu dritt die Ausdrücke auf. Sie sollen nur Ausdrücke aufschreiben, die sie wirklich selbst benutzen oder hören. Sie dürfen alles schreiben, auch wenn es noch so „schlimm" ist (die Blätter werden den Eltern nicht gezeigt). Sie dürfen und sollen auch ihre fremdsprachlichen Ausdrücke aufschreiben. Wenn die Gruppen fertig sind, lesen sie ihre Ausdrücke ohne Kommentar der ganzen Klasse vor. Sammeln Sie anschließend die Blätter ein. Verfassen Sie vor der nächsten Spielstunde aus den Ausdrücken zwei Dialoge (einen netten und einen gemeinen). Spielen Sie diese unkommentiert mit einer Kollegin oder einer Schülerin der Klasse vor.

Auswertung: Besprechen Sie mit der Klasse nach dem Spiel folgende Fragen:

❑ Was ist euch bei dem Rollenspiel aufgefallen?

❑ Gibt es Unterschiede zwischen den Ausdrücken (etwa: ganz schlimme, nicht so schlimme)? Gibt es Ausdrücke, die nur oder überwiegend von Mädchen oder aber nur von Jungen gebraucht werden? Wie kommt das?

❑ Wie fühlst du dich, wenn ein anderer etwas Gemeines zu dir sagt (z. B. betroffen, es ist mir egal)? Wie ist deine Reaktion darauf?

❑ In welchen Situationen sagst du selber anderen gemeine Sachen? Denkst du darüber nach, was du sagst?

❑ Warum sind Jugendliche gemein zueinander?

❑ Wie geht es dir, wenn ein anderer dir etwas Nettes sagt (z. B. ich bin verlegen; es gefällt mir; es kommt darauf an, wer es sagt)?

❑ In welchen Situationen sagst du selber anderen nette Sachen? Wie fühlst du dich dabei? Ist es leichter, einem anderen etwas Gemeines als etwas Nettes zu sagen? Begründe deine Meinung!

Erfahrungen: Das Aufschreiben der Ausdrücke ist meist mit viel Kichern verbunden. Auffallend ist, daß den Schülern fast immer bedeutend mehr – und oft phantasievollere – „gemeine" als „nette" Sachen einfallen. Besonders den türkischen Kindern mußten wir versichern, daß wir die Blätter nicht ihren Eltern zeigen. In diesem Kulturkreis wirken bestimmte Ausdrücke, z. B. Beleidigung der Mutter, besonders stark und sorgen oft für eine Eskalation von Konflikten. Jugendliche benutzen häufig Wörter, die wir Erwachsene als roh und grob beleidigend empfinden, und denken sich nichts dabei. Die möglichen Folgen müssen ihnen bewußt gemacht werden. Jede Lehrerin muß ihren eigenen Weg finden, mit dem Sprachgebrauch ihrer Schülerinnen umzugehen.

Da möchte ich sitzen!

Spielidee: Verschiedene Argumentationsweisen ausprobieren und auf ihre Nützlichkeit hin überprüfen

Eine Schülerin sitzt in der Mitte der Gruppe auf einem Stuhl und möchte eigentlich auch dort bleiben. Eine zweite Schülerin hat die Aufgabe, sie davon zu überzeugen, den Stuhl aufzugeben, weil sie nämlich auch dort sitzen möchte. Dieser Vorgang wird mit anderen Mitspielerinnen mehrmals wiederholt.

Auswertung: Besprechen Sie mit der Klasse, welche Überzeugungsstrategien (z. B. aggressive, unterwürfige) eingesetzt wurden. Warum und mit welchem Erfolg oder Mißerfolg wurden diese Überzeugungsstrategien angewendet? Wie ging es denjenigen, die auf dem Stuhl saßen bzw. dort sitzen wollten? Erinnerte euch diese Übung an eine Situation, die ihr erlebt habt? An welche?

Variation: Die Übung in Kleingruppen durchführen, damit mehr Schüler teilnehmen können.

Gefühle wahrnehmen, mit Gefühlen umgehen

Die Mädchen und vor allem die Jungen lernen, Gefühle bei sich und anderen zu erkennen und anzunehmen. Die Rolle von Gefühlen im Kommunikationsprozeß soll verdeutlicht, der konstruktive Umgang mit Gefühlen eingeübt werden.

Unsere Erfahrungen zeigten, daß Mädchen eher in der Lage waren, Gefühle zu artikulieren. Manche Übungen führten wir in geschlechtshomogenen Gruppen durch. Mit einer weiblichen Lehrerin können Mädchen am besten ihr Unbehagen, mit einem männlichen Lehrer die Jungen ihre Unsicherheiten besprechen und reflektieren und beispielsweise überlegen, wie sie in Zukunft mit beleidigenden Sprüchen umgehen wollen.

Eine Möglichkeit, die Jugendlichen an das Thema „Gefühle" heranzuführen, ist, ihnen Geschichten über Gleichaltrige vorzulesen und anschließend die Gefühle der Beteiligten zu besprechen. Vielleicht ist es einigen in Ihrer Klasse auch so gegangen wie einem Mädchen oder Jungen aus der Geschichte. Es ist wichtig, daß sich möglichst alle Jugendlichen zu dem jeweiligen Gefühl äußern. Man kann z. B. eine Runde machen, bei der alle erzählen, wovor sie Angst haben oder worauf sie stolz sind. Die Lehrkraft sollte darauf achten, daß die Gefühle gegenseitig angenommen werden. Eine weitere Möglichkeit ist, Teile der Geschichte nachzuspielen, wobei Geschlechterrollen getauscht werden können.

Gefühle benennen und erkennen *(je 30 Min. in zwei Schulstunden)*

Material: Stifte und Papier für Kleingruppen

Die Klasse teilt sich nach Belieben in Kleingruppen (zwei bis vier Schüler) auf, die alle Gefühle auflisten, die ihnen einfallen. Fordern Sie die Gruppen anschließend auf, ihre Listen vorzulesen, und sammeln Sie diese ein. Schreiben Sie nach der Stunde die Gefühle aus den Listen auf einzelne Zettel und falten Sie diese zusammen; es sollen so viele Zettel wie Schülerinnen sein. Verteilen Sie zu Beginn der nächsten Spielstunde die Zettel an die im Stuhlkreis sitzenden Jugendlichen. Nach und nach gehen die Kinder in die Mitte, um „ihr" Gefühl pantomimisch darzustellen, das die anderen raten sollen. Wenn einzelne Hemmungen haben, vor der Klasse zu spielen, können Paare oder eine Kleingruppe das jeweilige Gefühl gleichzeitig ausdrücken.

Auswertung: Fragen Sie die Jugendlichen, wie sie die Übung erlebten. Was fiel euch schwer? Warum? Was meint ihr: Drücken Mädchen und Jungen ihre Gefühle unterschiedlich aus? Woran macht ihr das fest? Warum tun sie das und welche Auswirkungen hat es?

Variationen: Verteilen Sie die „Gefühlszettel" bewußt geschlechtsuntypisch, z. B. ein schüchternes Mädchen führt vor „Ich fühle mich stark", ein übermütiger Junge „Ich habe Angst". Fragen Sie bei der Auswertung, was an der Übung ungewöhnlich war, was den Jugendlichen schwerfiel, was ihnen Spaß machte.

Pantomimische Geschichten *(30 Min.)*

Spielidee: Gefühle darstellen und erkennen

Material: vorbereitete Zettel zu Alltagssituationen aus dem Leben der Jugendlichen, die eindeutig auf bestimmte Gefühle hinweisen

Die Klasse teilt sich in Gruppen von vier bis fünf Schülerinnen auf. Jede Gruppe bekommt die Aufgabe, eine Situation pantomimisch darzustellen, so daß der Rest der Klasse die Geschichte bzw. die dahinterstehenden Gefühle erraten kann. (Mögliche Situationen: zwei Mädchen tuscheln hinter dem Rücken eines dritten Mädchens. Ein Junge faßt einem Mädchen an den Po [diese Situation soll entweder ausschließlich von Mädchen oder mit getauschten

Rollen gespielt werden.] Ein Junge bedroht einen anderen Jungen mit Prügel, wenn er ihm nicht jede Woche 5 DM „Schutzgeld" mitbringt.) Anschließend ergänzen die Gruppen das Geratene und erzählen von eventuellen Schwierigkeiten, bestimmte Begebenheiten oder Gefühle darzustellen.

Gefühl und Sprache *(etwa 15 Min.)*

Vorbereitung: Sprechen Sie vor der Stunde ausländische Jugendliche, die eine gemeinsame Sprache haben, an, ob sie jeweils zu zweit oder zu dritt einen Sketch zu einem bestimmten Gefühl bzw. zu einer bestimmten Situation aufführen können.

Die Sketche werden der Klasse vorgeführt, und die, die die Sprache nicht beherrschen, müssen herausbekommen, was passiert ist und wer welche Gefühle ausdrückte.

Erfahrungen: Mit diesem Spiel machten wir in verschiedenen Klassen schöne Erfahrungen, weil ausnahmsweise ausländische Schülerinnen und Schüler mit ihren sprachlichen Ausdrucksfähigkeiten – über die die deutschen Jugendlichen nicht verfügten – im Mittelpunkt standen.

Eingeschlossen/Ausgeschlossen *(20 Min.)*

Spielidee: Gruppenzugehörigkeit thematisieren

Fordern Sie die Jugendlichen auf, Brillen, Uhren, Ohrringe und Ketten abzunehmen. Absolute Regel ist, daß man niemandem weh tun darf. Teilen Sie ihnen mit, daß sie auf ihre Gefühle achten sollen. Außerdem sollen sie nicht nur Kraft einsetzen, um ihre Aufgabe zu erfüllen, sondern auch andere Möglichkeiten überlegen.

Teilen Sie die Klasse in zwei Gruppen auf. Wenn es viele Spannungen zwischen Mädchen und Jungen gibt, können sich geschlechtshomogene Gruppen bilden. Jede Gruppe bildet einen dichten Kreis, in dem sich die Schülerinnen unterhaken und nach innen schauen. Ein Freiwilliger steht außerhalb des Kreises und hat die Aufgabe, sich irgendwie in den Kreis einzugliedern, bis er mit dieser Position zufrieden ist.

Anschließend kann noch jemand versuchen, aus dem Kreis „auszubrechen". Die Aufgabe von neuen Freiwilligen ist, innerhalb des Kreises zu stehen und zu versuchen, herauszukommen. Grundsätzlich halten die Gruppenmitglieder zusammen und dürfen während des Spiels nicht sprechen, wohl aber der Außenseiter bzw. der Gefangene.

Bei dieser Übung sind Einleitung und Auswertung besonders wichtig. Erklären Sie zu Beginn, daß es darum geht, nachzuempfinden, wie es ist, zu einer Gruppe zu gehören oder von ihr ausgeschlossen zu werden. Manchmal ist man am Rande einer Gruppe und will hinein, weiß aber nicht, auf welchem Weg. Manchmal ist man Mitglied einer Gruppe und will sie verlassen, weiß aber nicht, wie. Sie als Lehrerin sollen selbst die Aufteilung der Klasse bestimmen, um zu vermeiden, daß z. B. eine Schülerin, die sowieso aus der Klassengemeinschaft ausgeschlossen ist, das auch noch bei dieser Übung zu spüren bekommt. Im Gegenteil sollen ja die anderen das Gefühl der Ausgeschlossenheit, das sie selbst mit verursachen, kennenlernen.

Auswertung: Besprechen Sie mit der Klasse folgende Fragen:

Ausgeschlossen sein: Wie reagierte die Ausgeschlossene auf die vorgegebene Situation, eher passiv oder eher kämpferisch? Welche Strategien wandte sie an, um in die Gruppe aufgenommen zu werden, z. B. körperliche Gewalt, Schmeicheln, Überreden? Bei wem setzte sie sie ein? Waren die Strategien erfolgreich? Warum oder warum nicht? Wie reagierten die im Kreis Stehenden? Empfanden sie Gruppendruck? Wie fühlte sich die Ausgeschlossene nach der Aufnahme in die Gruppe? Wie fühlte sich die Gruppe? Wie fühlen sich beide Seiten jetzt? Kennt ihr sonst solche Situationen aus dem Alltag?

Eingeschlossen sein: Welche Strategie wählte der Eingeschlossene (z. B. bitten, drohen, überreden, körperliche Kraft), und bei wem setzte er an? Wie erfolgreich waren die Strategien? Wie fühlte sich der Eingeschlossene nach der „Befreiung"? Wie fühlte sich die Gruppe? Habt ihr euch an wirkliche Situationen erinnert gefühlt? Welche?

Und schließlich: Gibt es einen Zusammenhang zwischen dem, was beim Spiel passierte, und dem sonstigen Geschehen im Klassenzimmer und auf dem Schulhof?

Variationen: Zwei Schülerinnen versuchen, gleichzeitig ein- bzw. auszubrechen.

Gefühlsbilder *(20–30 Min.)*

Material: bunte Stifte und Papier

Die Jugendlichen malen – am besten an verschiedenen Tagen – Bilder darüber, wie sie Angst, Wut und Mut erleben.

Auswertung: Die Bilder werden (möglichst in Kleingruppen) besprochen oder unkommentiert aufgehängt, so daß alle sie ansehen können.

Auswertung: Machen Sie die Art der Auswertung von der Stimmung in der Klasse abhängig. Manchmal ist es sinnvoller, die Jugendlichen einzeln zu ihren Bildern zu befragen, oder wenn sie sich die Bilder gegenseitig zeigen, als die Gefühle im Kreisgespräch zu „zerreden".

Variationen: Die Bilder können das zeigen, wovor die Jugendlichen Angst haben bzw. was sie wütend oder was ihnen Mut macht.

Abgewandelt nach einer Idee von Braun, 1989, S. 30

Mich macht froh ... *(20–30 Min.)*

Spielidee: eigene Gefühlslagen bewußtmachen

Jede Schülerin beantwortet für sich die gestellten Fragen und sucht sich dann eine Partnerin, mit der sie die Ergebnisse besprechen möchte.

Fragen (nach Alter variieren): Mich macht froh ... – Mich macht nachdenklich ... – Mich macht wütend ... – Mich macht traurig ... – Mir macht Angst ... – Mir macht Mut ...

Auswertung: Fragen Sie bei der gemeinsamen Abschlußrunde, ob den Schülern etwas Neues über sich selbst und ihren Umgang mit Gefühlen bewußt wurde. Was?

Variationen: Die Gefühlslagen könnten sich auf bestimmte Situationen beziehen, z. B.: „In der Schule ärgere ich mich ... –" Zusätzlich könnte der Satzanfang fortgeführt werden: „Wenn ich froh bin, mache ich folgendes ..."

Wutinterview *(30–45 Min.)*

Spielidee: den eigenen Umgang mit Wut bewußtmachen

Material: ein „Wutinterview" für jeden Schüler (siehe nächste Seite)

Die Klasse teilt sich nach Belieben in Paare auf. Die Paare interviewen sich für etwa 15 Minuten gegenseitig und schreiben in Stichworten für die andere die Antworten auf.

Auswertung: Beim abschließenden Gespräch in der Gesamtgruppe geht es nicht um das Vortragen einzelner Antworten.

Fragen Sie die Schülerinnen:

❑ Was haben sie über sich gelernt, und wie fanden sie die Übung?

❑ Gehen Mädchen und Jungen unterschiedlich mit Wut um? Wie? Warum?

❑ Wie wirkt sich das auf ihre Beziehungen aus?

Das rote Tuch *(30 Min.)*

Spielidee: negative Gefühle in der Schule bewußtmachen

Material: Arbeitsblatt für jeden (s. Abb. S. 96)

Besprechen Sie zur Einführung den Begriff „rotes Tuch": Was ist das? Wer kann ein Beispiel nennen? (Geben Sie ruhig ein eigenes Beispiel.) Nicht alle Menschen haben die gleichen „roten Tücher". Bei dieser Übung geht es darum, sich über die eigenen „roten Tücher" klarzuwerden – und zwar auf die Schulsituation bezogen. Die Klasse teilt sich nach Belieben in Paare auf. Die Paare beantworten erst für sich die Fragen und besprechen dann gemeinsam das, was sie aufgeschrieben haben.

Abgewandelt nach einer Idee von Synott und Fell, 1987

„Ein rotes Tuch" für mich

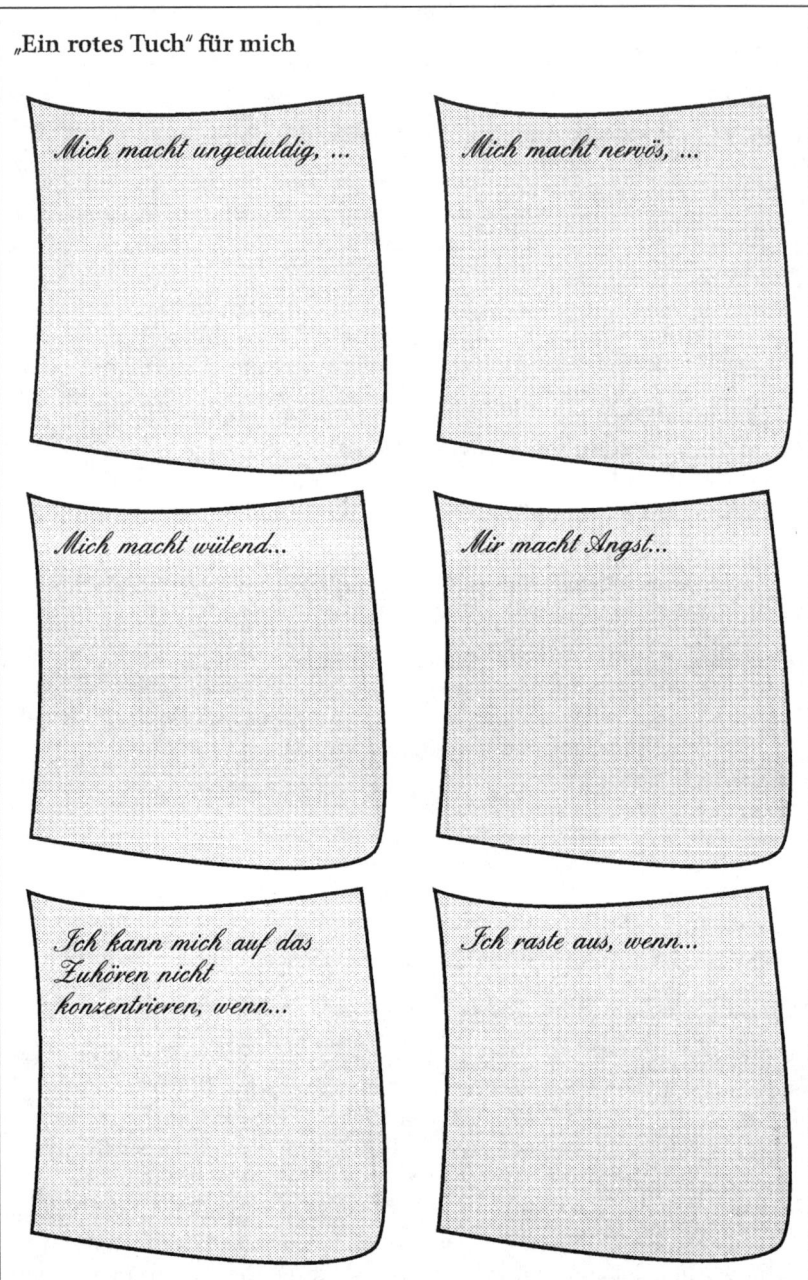

Mich macht ungeduldig, ...

Mich macht nervös, ...

Mich macht wütend...

Mir macht Angst...

Ich kann mich auf das Zuhören nicht konzentrieren, wenn...

Ich raste aus, wenn...

Wohin mit meiner Wut? *(20–30 Min.)*

Spielidee: sich auf den Umgang mit Wut in der Klasse einigen

Material: eine Wandzeitung und dicke Stifte

Fragen Sie die Jugendlichen: „Was tut ihr, wenn ihr wütend seid?" und schreiben Sie die Ergebnisse auf die Tafel oder eine Wandzeitung. Gehen Sie dann mit der Klasse die Liste nochmal durch und überlegen Sie gemeinsam, bei welchen Verhaltensweisen jemandem weh getan wird oder etwas kaputtgeht. Diese werden aus der Liste gestrichen (z. B. Hauen, Prügeln, mit gefährlichen Gegenständen um sich werfen) oder revidiert (z. B. jemanden anschreien – aber nicht direkt ins Ohr; mit einem weichen Gegenstand werfen). Die neue Liste wird abgeschrieben und im Klassenraum für alle sichtbar aufgehängt.

Abgewandelt nach einer Idee von Kreidler, 1984, S. 115

4.4 Kooperation

Wer Konflikte konstruktiv und gewaltfrei austragen möchte, muß bereit und in der Lage sein, mit seinen „Konfliktpartnern" zu kooperieren (s. Abb. S. 23). Kooperation setzt Kommunikationsfähigkeit voraus.

Kooperation bedeutet Zusammenarbeit. Im Idealfall findet Kooperation zwischen *gleichberechtigten Partnern* statt, die *auf ein gemeinsames Ziel* hinarbeiten. Das Ziel kann von den Beteiligten selbst ausgesucht oder von außen aufgegeben werden. Die Kooperationspartner haben eigene Ideen, Interessen und Bedürfnisse und sind in der Lage, diese in die Gruppe einzubringen. Sie können aber auch auf die Ideen, Interessen und Bedürfnisse anderer eingehen und Kompromisse schließen. Kooperation ist ein *Prozeß,* den Menschen immer wieder durchmachen müssen, um Neues über sich selbst und andere zu erfahren, um auf Ergebnisse zu kommen, die einzelne nicht erreichen könnten. Die Beteiligten lernen, sich durchzusetzen, wenn ihnen eine Sache sehr wichtig ist, und nachzugeben, wenn die Beziehungen wichtiger als die Sache sind. Gemeinsam suchen sie nach neuen Wegen.

Als pädagogisches Prinzip ist Kooperation sicherlich unumstritten. Didaktisch wird sie durch *Partnerarbeit, Gruppenunterricht, offenen und Projektunterricht* umgesetzt. Das Prinzip Kooperation steht jedoch im Spannungsverhältnis zur Struktur unserer Schule und zu eingefahrenen, herkömmlichen Unterrichtsformen. Da sie nicht auf Freiwilligkeit basiert, kann Schule als Zwangsgemeinschaft gesehen werden. Schulen sind hierarchisch organisiert: Behörden bestimmen Lehrpläne, Schulleiter bestimmen Stundenpläne, Lehrerinnen bestimmen, wie Schülerinnen zu lernen haben. Schülerinnen bestimmen praktisch nur, inwieweit sie sich auf das einlassen, was von ihnen erwartet wird. Auch die vielbeschworene Kooperation zwischen Schule und Elternhaus findet oft nur auf formaler Ebene statt.

Wie in der übrigen Gesellschaft spielt *Konkurrenz* auch in der Schule eine wichtige Rolle: Schüler konkurrieren um Noten, um die Aufmerksamkeit ihrer Lehrerinnen, um Ansehen in der peer group. Statt die eigenen Leistungen an sich selber zu messen, werden Normen verinnerlicht, die von außen, von anderen gesetzt wurden. Diese verinnerlichten Normen, das Konkurrenzdenken und Machtstreben hindern viele Schülerinnen und Schüler daran, ihre potentiellen emotionalen, kognitiven und kreativen Fähigkeiten zu entwickeln. Unter welchen Voraussetzungen kann erfolgreiche Kooperation in der Schule stattfinden? Ich möchte drei Bereiche ansprechen: die Rahmenbedingungen, das Verhalten der Lehrkraft und das Verhalten der Jugendlichen.

Kooperation setzt mehrere *schulorganisatorische Rahmenbedingungen* voraus. Geeignete, am besten anheimelnde Räumlichkeiten und eine flexible Sitzordnung gehören ebenso dazu wie entsprechendes Arbeitsmaterial und ein elastischer Stundenplan, da die Gruppen Zeit für gemeinsame Projekte benötigen. Schließlich brauchen Paare oder Gruppen ein gemeinsames Ziel (das sie allerdings selbst bestimmen können), eine Aufgabenstellung, die nur von zwei oder mehr Personen erfüllt werden kann, und Raum für freie Entscheidungen bzw. Experimente.

Kooperation erfordert folgende *Verhaltensweisen und Fähigkeiten der Lehrerin:*

❏ Interesse an den Jugendlichen

❏ partnerschaftlicher Umgang mit den Schülern

❏ Rücksicht auf die Bedürfnisse und Wünsche der Schülerinnen

❏ Geduld

❏ Verzicht auf dominantes Verhalten

❏ Unterstützung der Schülerinnen bei ihren Lernprozessen.

Kooperation setzt folgende *Verhaltensweisen* und *Fähigkeiten der Jugendlichen* voraus:

❏ gleichberechtigte Beziehungen oder zumindest die Bereitschaft und die Fähigkeit, sich mit Machtunterschieden innerhalb der Gruppe auseinanderzusetzen

❏ gegenseitiges Interesse

❏ gegenseitige Akzeptanz

- ❏ Kommunikationsfähigkeit
- ❏ Interesse am gemeinsamen Ziel
- ❏ Fähigkeit, eigene Beiträge zu leisten
- ❏ Bereitschaft, aufeinander zuzugehen
- ❏ um Hilfe bitten können
- ❏ anderen helfen können
- ❏ mit anderen Geduld haben
- ❏ auf andere Rücksicht nehmen.

Wie erzeugt man bei Jugendlichen Kooperationsbereitschaft? Wie erzieht man zur Kooperationsfähigkeit? Die Spiele und Übungen zu diesem Themenbereich versuchen, Wege zur Kooperation aufzuzeigen. Dabei spielt die Arbeit in Kleingruppen eine wesentliche Rolle. Folgende Schwerpunkte bestimmen den Aufbau dieses Kapitels:

- ❏ Kooperationsspiele
- ❏ nonverbale Zusammenarbeit
- ❏ Konkurrenz und Vertrauensbildung
- ❏ Entscheidungsfindung in der Gruppe.

Fragen zur Einschätzung der Klassensituation in bezug auf Kooperation:

Kooperation zwischen Lehrerin und Jugendlichen

1. Wie konstruktiv arbeiten Sie mit der Klasse zusammen? Beschränkt sich die Kooperation darauf, daß die Jugendlichen Ihre Anweisungen (gemeinsam) ausführen sollen, oder bringen beide Seiten eigenständige Ideen in die Interaktion?

2. Können Sie besser mit den (ausländischen/deutschen) Mädchen oder den (ausländischen/deutschen) Jungen in Ihrer Klasse zusammenarbeiten? Woran liegt das? Welche Konsequenzen hat dies für die Stimmung in der Klasse?

3. Gibt es einzelne Schüler, die die Mitarbeit im Unterricht verweigern? Warum tun sie das (aus Unfähigkeit, fehlender Bereitschaft)? Wie reagieren die anderen Schüler darauf? Wie gehen Sie mit der Situation um? Wie möchten Sie damit umgehen?

4. Wie könnten Sie die Zusammenarbeit zwischen Ihnen und der Klasse verbessern?

Kooperation unter Schülerinnen und Schülern

1. Inwieweit fördern Ihre didaktischen Entscheidungen zur Unterrichtsorganisation (Frontalunterricht, Binnendifferenzierung, Projektunterricht), zur Sitzordnung (Reihen, Hufeisen, Kleingruppen an Tischen) in der Klasse und zu Form und Maßstäben der Leistungsbewertung die Kooperation unter den Schülerinnen und Schülern? Inwieweit bewirken sie Konkurrenz statt Kooperation?

2. Wie konstruktiv arbeiten die Schülerinnen und Schüler zusammen: (ausländische und deutsche) Mädchen bzw. Jungen untereinander, Mädchen mit Jungen?

3. Gibt es Jugendliche, die besonders gut mit anderen kooperieren können? Wovon hängt das ab (Leistungsfähigkeit, soziale Fähigkeiten)? Erkennen Sie die Fähigkeit und Bereitschaft dieser Schülerinnen zur Kooperation ausdrücklich an? Verlassen Sie sich im Unterricht darauf?

4. Wie wirkt sich die Kooperationsfähigkeit und -bereitschaft einzelner Jugendlicher oder Schülergruppen auf die Stimmung in der Klasse und das Leistungsniveau aus?

5. Gibt es einzelne Schülerinnen, die die Zusammenarbeit mit anderen verweigern? Warum tun sie das (aus Unfähigkeit, fehlender Bereitschaft, Angst)? Wie reagieren die anderen Jugendlichen darauf? Wie gehen Sie mit dieser Situation um? Wie möchten Sie damit umgehen?

6. Gibt es bestimmte Schüler, mit denen die anderen nicht gerne zusammenarbeiten? Woran liegt das? Was könnten Sie tun, um diese Jugendlichen besser in die Klassengemeinschaft zu integrieren?

Kooperation zwischen Schule und Elternhaus

1. Wie konstruktiv arbeiten Sie mit den Eltern Ihrer Schülerinnen und Schüler zusammen? Sind Elternabende so organisiert, daß nicht nur organisatorische und fachbezogene, sondern auch soziale Anliegen besprochen werden können, z. B. der Umgang miteinander in der Klasse? Inwieweit werden Probleme in der Klasse gemeinsam und konstruktiv besprochen? Mit welchen Eltern können Sie gut kooperieren, mit welchen nicht? Woran liegt das?

2. Wie ist der Umgang der Eltern miteinander: Sehen sich die Eltern nur beim Elternabend, oder haben sie auch informelle Kontakte untereinander? Wie reagieren Eltern, wenn ihre Kinder z. B. als Täter oder Opfer von Problemen in der Klasse betroffen sind?

3. Welche positiven Auswirkungen hätte eine verbesserte Zusammenarbeit zwischen Ihnen und den Eltern? Wie kommen Sie zu einer verbesserten Kooperation?

Kooperation im Kollegium einerseits und zwischen Kollegium und Schulleitung andererseits

1. Wie konstruktiv arbeiten die Kolleginnen und Kollegen zusammen? Werden Absprachen über Aufgabenteilung, Kompetenzbereiche und Pausenaufsichten eingehalten? Gibt es klare und verbindliche Absprachen über Verhalten in Konfliktfällen und Gewaltsituationen? Falls nicht, woran liegt das?

2. Mit welchen Kolleginnen arbeiten Sie gut zusammen? Woran liegt das? Mit welchen arbeiten Sie weniger konstruktiv zusammen? Woran liegt das? Wäre es notwendig oder wünschenswert, die Kooperation mit diesen Kolleginnen zu verbessern? Welche Schritte könnten Sie in diese Richtung tun?

3. Wenn sie im Team arbeiten: Gibt es eine klare Rollen- und Aufgabenverteilung? Sind beide bzw. alle mit dieser Aufteilung einverstanden oder dominiert jemand z. B. bei der Entscheidungsfindung oder beim Auftreten in der Klasse? Was könnten Sie tun, um als Team besser zu kooperieren? Was meinen Sie, wie die Schülerinnen und Schüler Ihre Zusammenarbeit erleben?

4. Wie sieht die Kooperation zwischen dem Kollegium und der Schulleitung aus? In welchen Bereichen ist die Zusammenarbeit positiv, in welchen könnte sie verbessert werden und wie?

Kooperationsspiele

Bei Kooperationsspielen agieren Jugendliche gemeinsam in entspannter Atmosphäre. Sie sollen Spaß haben und gleichzeitig die Zusammenarbeit in der Kleingruppe und mit der ganzen Klasse üben und – falls für die jeweilige Gruppe angebracht – zunehmend Körperkontakt zueinander aufnehmen.

Diese Spiele sollen nur in Klassen gespielt werden, in denen keine Hemmungen vor Körperkontakt bestehen. Es ist nicht immer nötig, die Spiele auszuwerten. Manchmal steht ein Spiel für sich – die gemeinsame Erfahrung ist wichtiger als seine Verbalisierung oder Aufarbeitung. Ob und wie ausführlich Sie die Spiele auswerten, hängt auch davon ab, ob sie gelungen sind.

Knotenspiel

Spielidee: die Klasse bildet im Kreis einen Knoten, der entwirrt wird

Die Klasse steht im Kreis. Sie halten sich außerhalb des Kreises bereit, um Hilfestellungen zu geben. Die Jugendlichen schließen die Augen ganz fest, strecken die Arme heraus, bewegen sich langsam und sorgfältig in die Mitte des Kreises und greifen zwei fremde Hände von verschiedenen Menschen. Erst wenn alle Hände andere Hände gefunden haben, dürfen die Schülerinnen ihre

Augen öffnen. Jetzt muß sich der Kreis entwirren, ohne daß die Schüler jedoch die Hände loslassen.

Variationen: Zwei Jugendliche, die außerhalb des Kreises stehen, bekommen die Aufgabe, die anderen zu entwirren.

Erfahrungen: Obwohl manchmal viel Geduld erforderlich ist, gelingt es fast immer, wieder die Ausgangsform zu finden.

Körperball

Material: ein Strandball mit ca. 30 cm Durchmesser

Die Klasse bildet im Stehen zwei gleich große Kreise, einen inneren und einen äußeren. Die Jugendlichen drehen sich einander zu, so daß jeder einen Partner hat. Alle halten die Hände hinter dem Rücken zusammen. Der Ball wird zwischen den Kreisen von Paar zu Paar herumgereicht, in der Regel auf Brusthöhe. Er darf weder mit den Händen angefaßt noch fallengelassen werden.

Abgewandelt nach: Masheder 1989, S. 19

Kniekreis

Spielidee: einen engen Kreis bilden und sich auf die Knie der anderen setzen

Die Klasse stellt sich eng aneinander gedrückt in einem Kreis auf, alle mit der linken Schulter nach innen. Die Jugendlichen sollen möglichst vor und hinter jemandem stehen, der nicht erheblich kleiner oder größer bzw. schwerer oder leichter ist als sie selbst. Auf ein Zeichen hin versucht jeder, sich langsam auf die Knie der hinteren Nachbarin zu setzen, ohne hinzufallen. Wenn das klappt, kann der Kreis auf Anzeichen versuchen, einen Schritt nach vorne zu gehen, dann noch einen. (Nochmal probieren, wenn es beim erstenmal nicht klappt!)

Händedruck und Umarmung

Spielidee: ein Händedruck und eine Umarmung werden im Kreis „herumgereicht"

Die Klasse sitzt im Stuhlkreis. Ohne weitere Erklärung drehen Sie sich zum Schüler rechts von Ihnen, schütteln ihm die Hand und sagen: „Das ist ein Händedruck." Da der Schüler vermutlich nicht recht versteht, fragt er zur Klärung nach: „Was ist das?" Wiederholen Sie: „Das ist ein Händedruck." Das versteht nun der Schüler und antwortet: „Ah, ein Händedruck!" Dann dreht er sich nach rechts und gibt den Händedruck weiter, wie Sie es eben vormachten.

Die zweite Schülerin fragt ebenfalls: „Was ist das?" Und da der erste schon vergessen hat, muß er wieder Sie fragen usw. Nur Sie wissen Bescheid. Der

Händedruck wird weitergegeben, kommt aber jedes Mal bis zu Ihnen zurück, da allein Sie die Frage „Was ist das?" beantworten können.

Wenn das Prinzip klar ist und der Händedruck erfolgreich seinen Weg geht, drehen Sie sich zwischendurch nach links, umarmen die Schülerin links von sich und sagen: „Das ist eine Umarmung." Die Schülerin versteht aber nicht, fragt nach und gibt schließlich die Umarmung nach links weiter, die aber wie bei dem Händedruck jedesmal mit der Frage „Was ist das?" bis zu Ihnen zurückkommt. Sie müssen sich jetzt abwechselnd nach rechts zum Händedruck und nach links zur Umarmung wenden. Spannend wird das Spiel, wenn der Händedruck und die Umarmung sich in der Mitte treffen. Beide sollen möglichst um den ganzen Kreis herumgereicht werden, was nicht immer klappt – manchmal löst sich das Spiel im Lachen auf.

Hinweis: Das Spiel eignet sich besonders zum Ausklang einer Spielstunde. Es wird nicht ausgewertet bzw. nur, wenn es keinen Spaß machte.

Nonverbale Zusammenarbeit

Hier geht es darum, sich nonverbal mitzuteilen und auf nonverbale Signale anderer zu achten. Die Jugendlichen üben, gemeinsam auf ein (meist vorgegebenes) Ziel hinzuarbeiten.

Die nonverbale Zusammenarbeit schafft meist eine besondere Spannung und eine schöne Stimmung, auch wenn das Redeverbot nicht absolut eingehalten wird. Ein Problem ist, daß die Schüler, die sonst in der Klasse dominieren, dieses Verhalten bei den Kooperationsübungen nicht fortsetzen sollen. In unserer Erfahrung klappte die Kleingruppen- und Paararbeit zwischen Mädchen und Jungen häufig schlecht. Bitte berücksichtigen Sie diese Aspekte, wenn Sie überlegen, wie sie die Gruppen aufteilen wollen oder ob die Jugendlichen ihre Gruppe selbst bilden sollen.

Spiegelbild

Die Klasse teilt sich in selbstausgesuchte Paare auf (die Jugendlichen sollen etwa gleich groß sein). Die Paare spiegeln sich mit Bewegungen und ohne Worte oder Laute. Ein Schüler fängt an und bewegt sich langsam, damit der andere ihm möglichst gleichzeitig folgen kann. Nach ein paar Minuten werden die Rollen getauscht. Es ist sehr wichtig, daß eine ruhige und konzentrierte Atmosphäre im Raum herrscht und daß die Paare während der Übung nicht miteinander sprechen.

Wortlokomotive *(20–30 Min.)*

Spielidee: thematisch bezogene nonverbale Paararbeit üben

Schreiben Sie zur Illustration ein Beispielwort an die Tafel. Das zweite Wort muß mit dem letzten Buchstaben des ersten Wortes anfangen und thematisch mit ihm zusammenhängen, das dritte Wort mit dem letzten Buchstaben des zweiten anfangen und thematisch mit ihm zusammenhängen usw. Zum Beispiel: Zug – Gleis – Schaffner – Rückfahrkarte … Wenn die Aufgabe klar ist, teilen Sie die Klasse in Paare auf. Die Paare führen die Übung allein durch, ohne miteinander zu sprechen. Der inhaltliche Zusammenhang zwischen den Wörtern muß für den bestehen, der das folgende Wort hinschreibt. Wenn die Paare fertig sind, kommt die Klasse wieder zusammen, und jedes Paar liest seine „Wortlokomotive" vor.

Variationen: Die Übung kann im Fremdsprachenunterricht eingesetzt werden; je nach Sprachfähigkeit sollen die Wortlokomotiven mit oder ohne thematischen Zusammenhang gebildet werden.

Abgewandelt nach einer Idee von Kreidler, 1984, S. 147

Quadrat-Übung *(20–30 Min.)*

Spielidee: in einer Kleingruppe Puzzles zusammenstellen

Material: Umschläge mit Einzelteilen von Quadraten oder Sechsecken (s. Abb. S. 105 und 106)

Teilen Sie die Klasse in Fünfergruppen auf; übriggebliebene Schüler haben Beobachterstatus und verteilen sich auf die Gruppen. Jede Gruppe setzt sich an einen Tisch, auf dem fünf Umschläge jeweils mit verschiedenen Einzelteilen von Quadraten liegen. Die Aufgabe ist, fünf gleich große Quadrate herzustellen. Die Gruppe ist erst dann fertig, wenn jedes Mitglied ein vollständiges Quadrat vor sich liegen hat. Beobachter haben die Aufgabe, auf die Einhaltung der Regeln und auf die Reaktionen der Beteiligten zu achten – dazu können sie Notizen machen.

Erklären Sie die Regeln: 1. Niemand darf sprechen; 2. Niemand darf um ein Teil bitten oder sonstwie signalisieren, daß sie ein bestimmtes Teil braucht; 3. Niemand darf direkt in die Figur einer anderen eingreifen – aber Teile dürfen in die Mitte des Tisches gelegt oder weitergegeben werden; 4. Jede darf Teile von der Mitte des Tisches nehmen, jedoch dürfen die Teile nicht in der Mitte zusammengefügt werden.

Auswertung: Auf die Übung bezogen: Es soll vor allem die Effektivität der Zusammenarbeit in der Gruppe ausgewertet werden. Fragen Sie zuerst die Beobachter nach ihren Eindrücken.

Vorlagen für die Quadrat-Teile

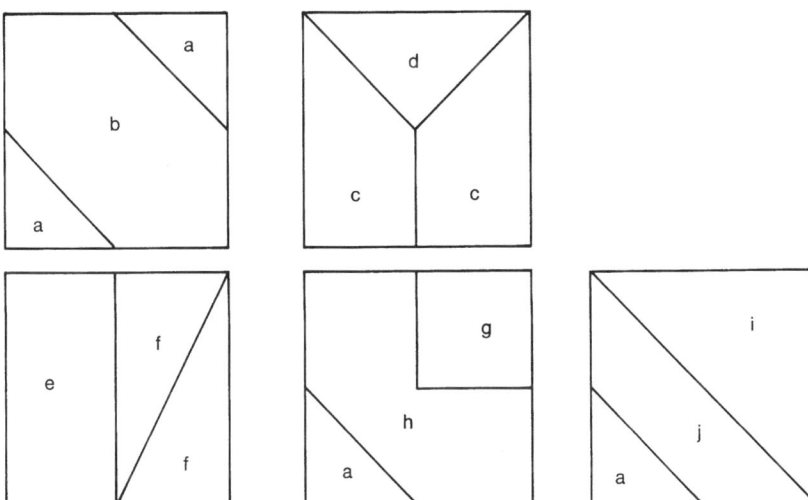

Umschlag A enthält folgende Teile: i, h, e
Umschlag B enthält folgende Teile: a, a, a, c
Umschlag C enthält folgende Teile: a, j
Umschlag D enthält folgende Teile: d, f
Umschlag E enthält folgende Teile: g, b, f, c

Dann erzählen die Gruppenmitglieder, wie sie die Übung erlebten. Fragen Sie: Was machte Spaß, was war schwierig? Haben alle Gruppenmitglieder gleichberechtigt zusammengearbeitet? Falls einzelne dominierten: warum, wie ging es den anderen dabei?

Auf die sonstige Klassensituation bezogen: Wie kann man jemandem helfen, ohne gleich die Aufgabe für ihn zu erledigen?

Variationen: Sie können den Beobachtenden schriftliche Beobachtungsaufgaben geben.

Hinweise zur Herstellung der Puzzles: Schneiden Sie die Puzzleteile aus fester Pappe. Die Quadrate bzw. Sechsecke haben einen Durchmesser von 15 cm und müssen sehr genau ausgeschnitten werden. Schreiben Sie die Buchstaben klein auf die Rückseite. Die Teile werden auf fünf Umschläge mit jeweils einem großen Buchstaben verteilt.

Abgewandelt nach: Antons, 1973, S. 117 ff.

Vorlagen für die Sechseck-Teile

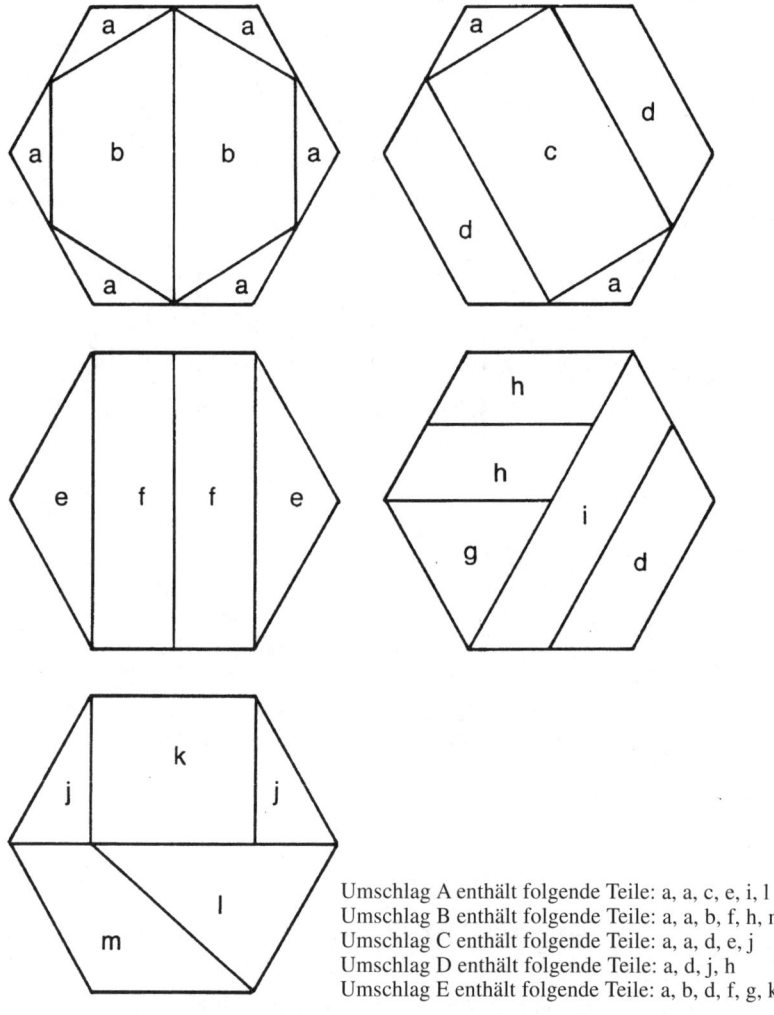

Umschlag A enthält folgende Teile: a, a, c, e, i, l
Umschlag B enthält folgende Teile: a, a, b, f, h, m
Umschlag C enthält folgende Teile: a, a, d, e, j
Umschlag D enthält folgende Teile: a, d, j, h
Umschlag E enthält folgende Teile: a, b, d, f, g, k

Bild zu zweit

Spielidee: nonverbale Partnerarbeit üben

Material: Papier und Stifte

Die Jugendlichen sitzen zu zweit am Tisch und haben die Aufgabe, zusammen einen Stift anzufassen und – ohne miteinander zu reden – ein Haus, eine Katze und eine Blume zu zeichnen. Wenn das Bild fertig ist, unterschreiben beide, wiederum ohne zu sprechen, mit einem Namen und geben sich eine Note. Anschließend zeigen die Paare der Klasse ihr Bild.

Auswertung: Fragen Sie, wie die Zusammenarbeit geklappt hat: Hat immer die gleiche geführt oder wurde abgewechselt? Wie erfolgte die Verständigung ohne Worte? Sind beide Partnerinnen mit dem Ergebnis zufrieden? Warum oder warum nicht? Erinnert euch diese Übung an Situationen, die ihr erlebt habt? Wie ist es möglich, sich zu einigen, so daß niemand die Beziehung dominiert?

Abgewandelt nach: Antons 1973, S. 115

Konkurrenz und Vertrauensbildung

Bei diesen Übungen können Jugendliche einerseits spielerisch erfahren, wie es ist, mit anderen zu konkurrieren und von einer Gruppe ausgeschlossen zu werden. Andererseits sollen sie wahrnehmen, wie man zueinander Vertrauen gewinnt. Wenn nach mehreren Spielen das Vertrauensverhältnis und die Stimmung in der Klasse gut sind, können Sie einzelne auf ihre negativen Erfahrungen von Konkurrenz und Ausgeschlossensein direkt ansprechen. Niemand soll aber gezwungen werden, über unangenehme Erfahrungen zu sprechen. Führen Sie die „Konkurrenzübungen" nur durch, wenn Sie den Eindruck haben, daß die Schüler in der Lage sind, negative Erfahrungen aufzuarbeiten.

Der höchste Turm

Spielidee: in einer Kleingruppe zusammenarbeiten, mit anderen Gruppen konkurrieren

Material: Papier, Scheren und Tesafilm für jede Kleingruppe

Teilen Sie die Klasse in Kleingruppen auf. Jede Gruppe erhält die gleiche Menge Papier, Scheren und Tesafilm. Daraus soll sie in fünf Minuten einen möglichst hohen Turm bauen. Anschließend werden die Türme verglichen.

Auswertung: Fragen Sie die Gruppen nach ihrer Zusammenarbeit. Wie lief die Kooperation in der Gruppe mit dem höchsten Turm, in den anderen Gruppen? Was hat den Jugendlichen an der Übung gefallen, was nicht?

Variation: Die Jugendlichen dürfen nicht miteinander sprechen, während sie den Turm bauen.

Smarties

Spielidee: Konkurrenz erleben und erfahren, daß sie oft nicht nützlich ist

Altersstufe: 5. bis 6. Klasse

Material: viele Smarties, Rosinen, Nüsse o. ä.

Die Klasse teilt sich in Paare auf, die sich am Tisch gegenübersitzen. Sie stützen ihre Ellenbogen auf den Tisch, halten die Handflächen aneinander und drücken sie. Die Regeln sind: Ihr dürft euch während des Spiels nicht unterhalten. Jedesmal, wenn die Hand deiner Partnerin den Tisch berührt, bekommst du ein Smartie (Rosine usw.). Ihr müßt selbst zählen, wie viele Smarties ihr zum Schluß bekommt.

Sie geben das Startzeichen, unterbrechen aber nach etwa einer Minute und fragen kurz, wie es gelaufen ist: Haben alle Partner miteinander konkurriert? Kann man das Spiel spielen, ohne miteinander zu konkurrieren? (Wenn beide kooperieren und abwechselnd die Hand der Partnerin auf den Tisch drücken, bekommen beide viele Smarties.) Danach spielen die Kinder noch einmal ganz kurz, diesmal auf kooperative Art und Weise.

Auswertung: Die Auswertung ist wichtig, um eventuell aus dem Spiel entstandene Verletzungen aufzufangen und die hier gemachten Erfahrungen auf den Alltag zu beziehen. Fragen Sie: Ist noch jemand auf seine Partnerin sauer? Warum? Warum haben die meisten automatisch miteinander konkurriert? Was war das Ziel der Übung? Hast du Smarties verloren, wenn deine Partnerin welche gewann? Was habt ihr durch Konkurrenz gewonnen? Gibt es andere Situationen, in denen du mit anderen konkurrierst, ohne darüber nachzudenken? Wann konkurrieren andere mit dir? Wie wirkt sich das auf die Zusammenarbeit aus?

Abgewandelt nach: Kreidler, 1984, S. 137

Wir fangen uns auf

Spielidee: das Gefühl spüren, auf jemand anders angewiesen zu sein

Die Jugendlichen suchen sich eine Partnerin mit etwa gleicher Körpergröße aus. Sie stehen sich gegenüber mit etwa 15 cm Abstand und halten ihre Hände auf Schulterhöhe mit den Handflächen nach außen. Langsam fallen beide gleichzeitig nach vorne, unterstützen und fangen sich mit den Händen. Dann stoßen sie sich voneinander ab und stellen sich wieder hin wie am Anfang. Jeder tritt fünf Zentimeter nach hinten und probiert es wieder usw., bis das Gefühl entsteht, daß es gefährlich werden könnte. Dabei sollen sie möglichst leise sein.

Blinder Spaziergang

Spielidee: das Gefühl spüren, auf jemand anders angewiesen zu sein und jemanden zu führen

Die Jugendlichen arbeiten zu zweit. Einem werden die Augen verbunden, der andere führt ihn behutsam herum. Es ist wichtig, daß im Raum eine ruhige Atmosphäre herrscht. Nach etwa fünf Minuten werden die Rollen getauscht.

Auswertung: Fragen Sie die Schüler: Was war das für ein Gefühl, zu führen und geführt zu werden? Was war dir angenehmer, warum? Woran hat dich das Spiel erinnert?

Wir reichen dich weiter

Spielidee: das Gefühl spüren, anderen in der Gruppe vertrauen zu können

Die Klasse stellt sich in zwei Reihen auf, so daß sich Paare gegenüber stehen. Jede hält ihre Partnerin am Handgelenk fest (Trapezgriff). Wichtig ist, daß relative Ruhe im Raum herrscht und daß keine Kanten in der Nähe sind; an beiden Enden soll Platz sein. Ein Schüler streckt sich lang, legt sich quer über die Arme der anderen und läßt sich sanft weiterreichen. Die Gruppe fängt am Ende den Schüler auf, der sich einreiht, um einen anderen an die Reihe zu lassen, bis alle weitergereicht wurden.

Auswertung: Fragen Sie die Jugendlichen, wie sie die Übung fanden: Was war es für ein Gefühl, sich weiterreichen zu lassen? Was war es für ein Gefühl, jemand anders weiterzureichen? Wie war die Zusammenarbeit in der Klasse?

Variationen: Der Schüler, der weitergereicht wird, kann die Augen schließen. Wenn die Stimmung zwischen Mädchen und Jungen gereizt ist, können Sie die Übung in geschlechtshomogenen Gruppen durchführen.

Vertrauenskreis

Spielidee: in der Gruppe Vertrauen spüren

Teilen Sie die Klasse in Gruppen von acht bis zehn Schülerinnen auf. Die Kleingruppen stehen im Kreis eng zusammen. Eine Freiwillige geht in die Mitte, macht sich steif, schließt die Augen, die mit einem Tuch verbunden werden können, und läßt sich langsam fallen. Die anderen fangen sie mit den Händen langsam und behutsam auf und reichen sie sorgfältig im Kreis herum. Es ist ganz wichtig, daß eine ruhige Atmosphäre im Raum herrscht und daß niemandem weh getan wird.

Variationen: Je nach den Beziehungen in der Klasse sollen eventuell Mädchen nur mit Mädchen und Jungen nur mit Jungen arbeiten. Lassen Sie die Jugendlichen nicht selbständig arbeiten, wenn Sie sich darüber Sorgen machen, daß jemand fallen gelassen werden könnte.

Entscheidungsfindung in der Gruppe

Die Jugendlichen üben Kooperation, indem sie gefordert werden, eigene Ideen in die Gruppe einzubringen, auf die Ideen anderer konstruktiv einzugehen und selbständig Entscheidungen zu treffen.

Bei den folgenden Übungen stehen nicht die Inhalte der Entscheidungen, sondern der Gruppenaspekt und der Entscheidungsprozeß im Vordergrund. Um die Jugendlichen zur Zusammenarbeit zu motivieren, müssen aber die gestellten Aufgaben und Fragen für sie von Bedeutung sein.

Schnelle Entscheidungsfindung

Spielidee: Entscheidungsstrukturen in der Gruppe bewußtmachen

Vorbereitung: altersangemessene Aufgaben überlegen (s. Beispiele unten)

Teilen Sie die Klasse in Kleingruppen von vier bis fünf Schülerinnen auf. Beschreiben Sie nacheinander verschiedene Situationen. Nach jeder Beschreibung müssen sich die Mitglieder der Kleingruppe darauf einigen, was sie in der Situation tun würden. Dazu haben sie jeweils nur zwei bis drei Minuten Zeit (geben Sie nach einer Minute eine Vorwarnung).

Beispiele für Entscheidungssituationen:

(Konflikt zwischen Lehrer und Schülern) Ihr seid Schüler der 6. Klasse und findet die Hofpause langweilig. In der großen Pause seid ihr statt auf den Hof in die Turnhalle gegangen – das ist aber verboten. Gerade eben seid ihr von der Aufsichtslehrerin erwischt worden. Sie schickt euch auf den Hof und sagt dem Klassenlehrer Bescheid. In drei Minuten klingelt es, und ihr müßt euch jetzt entscheiden, was ihr macht, wenn der Klassenlehrer euch anspricht.

(Konflikt zwischen Lehrerinnen und Schülern) Ihr seid Lehrerinnen, und es stört euch, wenn die Jugendlichen im Unterricht essen. Ihr habt mehrere Schüler schon mal in dieser Stunde darum gebeten aufzuhören, aber sie essen immer weiter, und ihr ärgert euch. Ihr habt zwei Minuten zu entscheiden, was ihr macht.

(Konflikt unter Jugendlichen) Ihr seid eine Clique in der 8. Klasse. Eine Schülerin in der Klasse wird immer wieder von den anderen ausgeschlossen. Ihr mögt diese Schülerin auch nicht besonders, wollt ihr aber trotzdem helfen, da sie euch leid tut. Gerade seid ihr auf dem Pausenhof und seht, wie das

110

Mädchen von anderen aus der Klasse gehänselt wird. Ihr habt drei Minuten Zeit, um zu entscheiden, was ihr macht.

(Konflikt unter Jugendlichen und mit der Lehrerin) Ihr seid befreundet – alle in der 9. Klasse – und haßt allesamt Mathe. Gestern habt ihr eine Mathearbeit geschrieben und habt voneinander abgeschrieben – das war vorher abgesprochen. Eine Mitschülerin, die nicht zu eurer Clique gehört, hat euch gesehen und verpetzt. Die Lehrerin hat eben gesagt, daß sie in der Pause mit euch reden möchte. In drei Minuten klingelt es, und ihr müßt schnell überlegen, was ihr macht – in bezug auf die Lehrerin aber auch in bezug auf die Mitschülerin. Nach jeder Entscheidungsfindung teilen die Gruppen kurz ihre Ergebnisse mit und tragen eventuell ihre inhaltlichen Argumente in Stichpunkten vor.

Auswertung: In bezug auf die Übung: Fragen Sie, ob die Gruppen Schwierigkeiten hatten, sich auf Lösungen zu einigen. Dominierten einzelne den Entscheidungsprozeß oder wurden die Entscheidungen gleichberechtigt getroffen? Wann habt ihr mal nachgegeben, wann wolltet ihr euch unbedingt durchsetzen?

Übertragung auf andere Situationen: Wie läuft das sonst, wenn man sich in einer Gruppe einigen muß: Was für Schwierigkeiten kann es geben? Was macht ihr, wenn jemand nicht bereit ist, Kompromisse einzugehen, sondern immer nur auf seiner eigenen Meinung beharrt? Wann habt ihr mal so etwas in der Schule oder in der Freizeit erlebt? Wer gibt eher nach, Mädchen oder Jungen, warum? Wie werden Entscheidungen bei euch zu Hause getroffen?

Wir einigen uns *(30 Min.)*

Spielidee: sich in der Kleingruppe auf eine gemeinsame Lösung einigen

Altersstufe: 5. bis 6. Klasse

Material: Listen für jede Gruppe

Teilen Sie die Klasse in Gruppen von drei bis fünf Kindern auf. Jede Gruppe bekommt eine Liste mit Situationsbeschreibungen und soll sich innerhalb von fünf Minuten einigen, wie sie sich in der jeweiligen Situation verhalten würden. Anschließend teilen die Gruppen kurz ihre Ergebnisse mit und tragen ihre inhaltlichen Argumente in Stichpunkten vor. Dann wiederholen sie den Vorgang mit der nächsten Situation.

Beispiele von Listen zur Entscheidungsfindung:

Ihr reist in den Ferien mit dem Auto in die Türkei und wollt mitnehmen: den Paß, ein spannendes Buch, ein Geschenk für die Oma, ein Spielzeug, Reiseproviant, Badeanzug, ein Stofftier, Stift und Papier zum Briefeschreiben. Es passen aber nur drei Sachen in den Koffer, und ihr müßt gemeinsam entscheiden, was ihr mitnehmen wollt.

Ihr wollt bei einer Freundin oder einem Freund übernachten und wollt folgende Sachen mitnehmen: Schlafanzug, Spielzeug, Stofftier, frische Kleider für den nächsten Tag, Schlafsack, Zahnbürste, Lieblingsbuch, Schulmappe. Ihr könnt aber nur drei Sachen mitnehmen und müßt euch einigen, welche drei Sachen es sein sollen.

Ihr wollt in die Schule gehen und mitnehmen: Chips, Geld, Pausenbrot, Apfel, Gummitwist, Kaugummis, Getränk, Murmeln, Hausaufgaben. Ihr könnt aber nur drei Sachen mitnehmen und müßt euch einigen, welche drei Sachen es sein sollen.

Ihr macht mit der Familie ein Picknick und wollt mitnehmen: Ball, Frisbee, Decke, Brot und Käse, Obst, Saft, Geld für den Rummel, Fahrrad. Ihr könnt aber nur drei Sachen mitnehmen und müßt euch einigen, welche drei Sachen es sein sollen.

Auswertung: Fragen Sie die Kinder, ob die Gruppen Schwierigkeiten hatten, sich auf Lösungen zu einigen. Dominierten einzelne den Entscheidungsprozeß oder wurden die Entscheidungen gleichberechtigt getroffen? Wer hat mal nachgegeben, wer wollte sich unbedingt durchsetzen?

Formen der Entscheidungsfindung *(30–45 Min.)*

Material: Situationsbeschreibungen auf Zettel für Kleingruppen

Sprechen Sie mit der Klasse über die verschiedenen Formen der Entscheidungs-findung, z. B. autoritäre Entscheidungsfindung, Abstimmung, Konsens-Ent-scheidungsfindung. Wie werden Entscheidungen in der Klasse getroffen, zu Hause? Überlegen Sie gemeinsam die Vor- und Nachteile der verschiedenen Formen:

❑ Autoritäre Entscheidungen und Abstimmungen gehen schneller, berück-sichtigen aber nicht die Bedürfnisse, Wünsche und Interessen aller Grup-penmitglieder.

❑ Konsens-Entscheidungsfindung berücksichtigt die Bedürfnisse, Wünsche und Interesse aller Beteiligten, dauert aber länger als Abstimmung oder „Entscheidung von oben".

Geben Sie jetzt eine für die Klasse relevante Frage vor, z. B.: „Wohin fahren wir auf der Klassenreise?" Entscheidungsfindung wird in den drei schon angesprochenen Formen geübt:

a) Sie geben Ihre Entscheidung als Autorität vor und begründen diese.

b) Die Klasse diskutiert kurz über die Frage und stimmt ab.

c) Die Klasse übt Konsens, indem die Alternativen, die eben zur Debatte standen, weiter ausdiskutiert werden, bis sich alle auf eine Lösung einigen.

Wichtig ist, daß alle Gruppenmitglieder an der Entscheidungsfindung beteiligt sein müssen. (Wenn die Klasse Schwierigkeiten hat, eine Lösung zu finden, kann sie zwischendurch in Kleingruppen aufgeteilt werden.)

Auswertung: Wie unterschieden sich die drei Lösungen voneinander: Wer war mit der ersten Lösung zufrieden, wer mit der zweiten, wer mit der dritten? War die Konsens-Entscheidung besser als die anderen? Wer hat sich wie durchgesetzt? Haben sich die anderen dabei wohlgefühlt? Welche Hindernisse gab es bei der Konsens-Entscheidungsfindung? Wie hätten diese Hindernisse überwunden werden können? Und schließlich: Wann ist es in Ordnung, daß eine Person oder eine Gruppe allein entscheidet, wann soll man am besten abstimmen, und wann soll man sich um eine einvernehmliche Entscheidung (einen Konsens) bemühen?

Utopia bauen *(mindestens eine Schulstunde)*

Spielidee: in der Kleingruppe gleichberechtigte Entscheidungsfindung üben

Material: Malstifte, Wandzeitungen (großes Papier) und eventuell Bastelsachen für Kleingruppen

Sprechen Sie mit den Kindern kurz darüber, was Utopie ist und wie sie sich Utopia vorstellen. Dann teilt sich die Klasse in Gruppen von drei bis fünf Schülerinnen auf. Jede Gruppe bekommt Malstifte und eine große Wandzeitung. Die Gruppen haben die Aufgabe, ihr Utopia zu entwickeln. Sie müssen sich darauf einigen, wie ihr Utopia aussieht, und dieses gemeinsam auf einer großen Wandzeitung aufzeichnen. Gibt es z. B. eine Schule, Geschäfte, eine Polizei? Arbeiten die Menschen, wo? Anschließend werden die verschiedenen Utopias den anderen Gruppen gezeigt.

Auswertung: Sprechen Sie mit den Jugendlichen über den Verlauf der Gruppenarbeit: War es schwer, euch zu einigen? Warum oder warum nicht? War es immer nötig, euch zu einigen? Mußte jemand Kompromisse eingehen, wer, welche? Waren zum Schluß alle mit dem Ergebnis zufrieden?

4.5 Geschlechtsbezogene Interaktion

Was ist der Zusammenhang zwischen *geschlechtsbezogenen Interaktionsprozessen* und *konstruktiver Konfliktaustragung?* Auch wenn in den letzten Jahren vieles in Bewegung geraten ist in bezug auf die Rolle von Frauen und Männern in der Gesellschaft, werden Mädchen und Jungen nach wie vor unterschiedlich sozialisiert. Diese Prozesse, die im Elternhaus und in der Schule häufig unbewußt stattfinden, prägen die Art der Konfliktaustragung.

Insbesondere hinsichtlich ihres *sozialen Verhaltens* erleben Lehrerinnen Mädchen und Jungen in der Regel unterschiedlich. Lehrerinnen schätzen die positiven sozialen Kompetenzen von *Mädchen,* die den Unterrichtsprozeß erleichtern und eine angenehme Atmosphäre in der Klasse schaffen, z. B. Hilfsbereitschaft, Zurückhaltung, Einfühlungsvermögen, Sorgfalt, Selbständigkeit; die Fähigkeit, Konflikte verbal auszutragen. Bemängelt wird bei Mädchen der Mangel an Selbstwertgefühl und Durchsetzungsfähigkeit, Unsicherheit in bezug auf ihre eigenen Leistungen und Fähigkeiten, Zurückhaltung, Angepaßtheit, Kritiklosigkeit und ihre oft zickige und indirekte Art, Konflikte auszutragen.

Lehrkräfte kritisieren dagegen das negative soziale Verhalten von *Jungen,* z. B. Aggressivität, Brutalität, Rücksichtslosigkeit, Überheblichkeit (besonders gegenüber Mädchen), Selbstzentriertheit, Unbeherrschtheit in bezug auf Gefühle und Faulheit. Andererseits werden Jungen Lebendigkeit, Initiative, Kreativität, Durchsetzungsfähigkeit, ein positives Selbstwertgefühl, Interesse und die Fähigkeit, Konflikte direkt auszutragen, zugeschrieben.

Allerdings beeinflussen *vorgefaßte Meinungen* die Wahrnehmung von Lehrerinnen: Sind Mädchen wirklich so unsicher und zickig, Jungen so lebendig und kreativ? Oder betrachten Lehrerinnen nicht aufgrund ihrer eigenen Sozialisation das Verhalten der Jugendlichen durch eine gefärbte Brille und nehmen selbstbewußte Mädchen und unsichere Jungen weniger wahr bzw. ernst? Ein Haufen wilder Mädchen wird als „gackerig", ein Haufen wilder Jungen als aggressiv empfunden.

Auch durch ihr eigenes Verhalten tragen Lehrerinnen und Lehrer bewußt oder unbewußt zu tradierten Verhaltensweisen bei, z. B. indem sie den Jungen aufgrund ihres Störverhaltens erhöhte Aufmerksamkeit zukommen lassen, um sie positiv in den Unterrichtsprozeß einzubinden, oder indem sie weniger Aufmüpfigkeit bei Mädchen tolerieren? Es scheint so, als ob die Jugendlichen von den Lehrkräften widersprüchliche Botschaften vermittelt bekämen: Die Mädchen sollen fleißig und ordentlich, aber auch nicht zu angepaßt, selbstbewußt und konfliktfähig, aber nicht zickig sein. Die Jungen sollen interessiert und durchsetzungsfähig, aber nicht dominant, sie sollen einfühlsam und weniger aggressiv, aber nicht langweilig sein.

Obwohl beide Geschlechter in ihrer Entwicklung durch traditionelle Rollenerwartungen eingeschränkt werden, nehmen Mädchen diese Einschränkungen oft eher wahr als Jungen. Mädchen wollen nicht so sein wie ihre Klassenkameraden, die sie häufig als rücksichtslos und aggressiv empfinden, aber sie wollen zu Recht die gleichen Privilegien genießen.

Die Auseinandersetzung mit Geschlechtsrollenstereotypen soll meines Erachtens stattfinden, ohne daß der Eindruck entsteht, daß Frauen und Mädchen,

Männer und Jungen so sein müssen, wie sie erlebt werden. Es geht darum, *das Spektrum an möglichen Eigenschaften, Verhaltensweisen und Tätigkeiten für beide Geschlechter zu erweitern.* Grundsätzlich ist es nicht nur wichtig, die Jugendlichen zu verändertem Verhalten aufzufordern („Setzt euch durch!" an Mädchen, „Beherrscht euch!" an Jungen gerichtet), sondern mit ihnen diese Verhaltensweisen immer wieder gemeinsam einzuüben und sie ihnen vorzuleben.

In der Sekundarstufe ist das Verhältnis zwischen Mädchen und Jungen einerseits durch *Abgrenzung* und *Abneigung,* andererseits durch *Annäherung* und *Zuneigung* geprägt. Die Jugendlichen agieren meist in der gleichgeschlechtlichen Gruppe, suchen aber zunehmend Kontakt zum anderen Geschlecht. Besonders die Kontaktversuche der Jungen sind häufig provozierend und aggressiv – was ihnen meistens nicht das gewünschte Resultat bringt. Jungen stehen offensichtlich unter dem Drang, besser als andere Jungen und vor allem besser als Mädchen sein zu müssen. In der Schule sind ihre Leistungen aber häufig schlechter als die der Mädchen, und auf diese Verunsicherung reagieren viele Jungen mit Aggressionen (Barz 1990). Jungen müssen lernen, daß es nicht „unmännlich" ist, Schwäche zu zeigen, und daß sie nicht immer besser oder stärker sein müssen als andere.

Mädchen vermeiden häufig Auseinandersetzungen mit Jungen, wehren sich manchmal nicht, auch wenn sie dazu körperlich durchaus in der Lage wären, und greifen zum Teil auf „typisch mädchenhaftes" Verhalten zurück, indem sie sich in die Defensive drängen lassen, weinend zur Lehrerin gehen und um Hilfe bitten. Im Kindergarten und am Anfang der Grundschule sind Mädchen lebhafter und setzen sich selbstverständlich durch. Offensichtlich werden ihnen diese wichtigen Fähigkeiten nach und nach „absozialisiert". Viele Mädchen müssen erst wieder lernen, sich den Auseinandersetzungen zu stellen, ihre verbalen und körperlichen Kräfte zu spüren und auszuprobieren. Solche Verhaltensweisen müssen sie immer wieder mit Unterstützung von Lehrerinnen einüben.

Eine Lehrerin wies darauf hin, daß das Dominanzverhalten der Jungen, das Übermächtig-sein-Wollen, die gleiche Dynamik enthält wie die sexuelle Mißhandlung. Auch hier geht es nicht vordergründig um Sex, sondern darum, Macht über andere zu haben, über andere verfügen zu können. Jungen üben diese Täter-Verhaltensweisen schon in der Grundschule ein, und Mädchen haben gelernt, allzuoft das Gegenstück zu spielen, indem sie sich wie Opfer verhalten. Es gilt, diesen Kreislauf so früh wie möglich wieder zu durchbrechen und festgefahrene Verhaltensweisen zu verändern.

Viele der Übungen in diesem Kapitel sollen in geschlechtsgetrennten Gruppen durchgeführt werden. Auch wenn diese Arbeitsweise Ihnen zunächst fremd vorkommt, möchte ich Sie dazu ermutigen, sie einige Male auszuprobieren.

Wahrscheinlich werden Sie dabei gewisse organisatorische Hindernisse über-winden müssen. Es wird sich aber lohnen, denn Mädchen und Jungen sind entspannter und oft auch ehrlicher, wenn sie unter sich sind. Die zeitweilige Arbeit in getrennten Gruppen kann eine Stärkung für den gesamten Umgang in der Klasse mit sich bringen. Da ich festgestellt habe, daß vor allem Lehre-rinnen bereit sind, mit Mädchen und Jungen getrennt zu arbeiten, möchte ich besonders den Lehrern nahelegen, sich mit den Jungen, ihren besonderen Bedürfnissen und ihrer Entwicklung zu beschäftigen.

Schließlich: Immer hat das, was in der Schule passiert, etwas mit Ihnen *in Ihrer Rolle* als Frau bzw. als Mann zu tun. Als Lehrerin oder Lehrer sind sie Vorbild für ihre Schülerinnen und Schüler. Die intensive Beschäftigung mit ge-schlechtsspezifischen Erwartungen und Verhaltensweisen im Rahmen von Spielstunden setzt Ihre ganz persönliche Bereitschaft voraus, sich mit Ihrem eigenen Selbstbild und Ihrer Rolle als Frau bzw. Mann auseinanderzusetzen. Denn Ihre eigene Sozialisation beeinflußt nicht unerheblich Ihren Umgang mit Mädchen und mit Jungen und das, was Sie von Ihren Schülerinnen und Schülern erwarten, was Sie an ihnen schätzen und was Sie an ihnen bemängeln.

Die Übungen zur geschlechtsbezogenen Interaktion sind hier unter drei inhalt-lichen Schwerpunkten geordnet:

❑ sich selbst und das andere Geschlecht wahrnehmen

❑ traditionelle Geschlechtszuschreibungen hinterfragen und flexible Ge-schlechterentwürfe entwickeln

❑ Umgang mit sexueller Belästigung.

Fragen zur Einschätzung der Situation in der Klasse in bezug auf geschlechts-bezogene Interaktion:

Interaktion zwischen Lehrerinnen und Jugendlichen

1. Wie groß ist in Ihrer Klasse der Anteil der Mädchen, der Jungen? Welche Auswirkungen hat das auf den Unterricht, auf das soziale Miteinander? Wer dominiert eher das Klassengeschehen, Mädchen oder Jungen? Wie geht es dabei den nicht-dominanten Jugendlichen?

2. Schenken Sie Mädchen und Jungen gleich viel Aufmerksamkeit? (Vorschlag: Beobachten Sie sich selbst für ein paar Stunden oder lassen Sie sich von einer Kollegin oder einem Praktikanten beobachten!) Falls nicht: wodurch schafft es eine Gruppe, mehr Aufmerksamkeit zu bekommen? Welche Versuche haben Sie bereits unternommen, Ihre Aufmerksamkeit gerecht zu verteilen, z. B. „Reiß-

verschlußverfahren" (abwechselnd Mädchen und Jungen drannehmen)? Mit welchem Erfolg? Was könnten Sie noch versuchen?

3. Wo sitzen die Mädchen in Ihrer Klasse, wo sitzen die Jungen? Wen haben Sie mehr im Blickfeld? Welche Auswirkungen hat die Sitzordnung auf Interaktionen im Unterrichtsprozeß?

Interaktion in der Mädchengruppe, in der Jungengruppe und zwischen Mädchen und Jungen

1. Was wissen Sie über die Probleme der Mädchen innerhalb ihrer eigenen Gruppe? Wie unterstützen Sie die Gemeinsamkeiten der Mädchen, ihre Solidarität untereinander?

2. Was wissen Sie über die Probleme der Jungen innerhalb ihrer eigenen Gruppe? Welche positiven Gemeinsamkeiten haben die Jungen untereinander? Wie unterstützen Sie diese?

3. Was wissen Sie darüber, wie sich Mädchen und Jungen miteinander verstehen? Gibt es intensive Freundschaften oder auch Feindschaften zwischen den Geschlechtern? Wie macht sich das im Unterricht bemerkbar?

4. Was gefällt Ihnen am Verhalten der Mädchen in Ihrer Klasse? Wie teilen Sie ihnen das mit? Was stört Sie an ihrem Verhalten? Wie teilen Sie ihnen das mit?

5. Was wünschen Sie sich von den Mädchen in bezug auf ihre Unterrichtsbeteiligung und ihr Sozialverhalten im Unterricht und in den Pausen? Wie könnten Sie sie bei diesem Lernprozeß unterstützen?

6. Was gefällt Ihnen am Verhalten der Jungen in Ihrer Klasse? Wie teilen Sie ihnen das mit? Was stört Sie an ihrem Verhalten? Wie teilen Sie ihnen das mit?

7. Was wünschen Sie sich von den Jungen in bezug auf ihre Unterrichtsbeteiligung und ihr Sozialverhalten im Unterricht und in den Pausen? Wie könnten Sie sie bei diesem Lernprozeß unterstützen?

Sich selbst und das andere Geschlecht wahrnehmen

Die Jugendlichen setzen sich mit ihrem Selbstbild als Mädchen bzw. Jungen und ihrem Bild vom anderen Geschlecht auseinander.

Die folgenden Übungen führten wir ausschließlich in geschlechtsgetrennten Gruppen durch und machten damit gute Erfahrungen. Ideal ist, wenn eine Lehrerin die Mädchengruppe übernimmt und ein Lehrer die Jungengruppe.

Mädchen sind, Jungen sind *(20–45 Min.)*

Material: Wandzeitungen und Stifte, zwei Räume oder Platz für zwei Gruppen in einem Raum

Die Mädchen- und die Jungengruppe machen jeweils ein Brainstorming zuerst über das eigene, dann über das andere Geschlecht. Alle Ergebnisse werden auf der Tafel oder einer Wandzeitung festgehalten. Greifen Sie anschließend konkrete Beispiele auf und fragen Sie die Jugendlichen, warum sie das gesagt haben, worauf sie ihre Meinung begründen oder warum andere dieser Meinung sind? Welche Aussagen stimmen, welche nicht oder nur zum Teil? Warum werden Sachen behauptet, die nicht stimmen?

Wichtig ist, daß die Jugendlichen ihre eventuell festgefahrenen Meinungen über beide Geschlechter hinterfragen. Wenn z. B. die Mädchen in der Klasse sich nicht durchsetzen können, fragen Sie, *warum* das so ist.

Variation: Beide Gruppen können anschließend ihre Ergebnisse vergleichen.

Mir gefällt daran, ein Mädchen/ein Junge zu sein *(20–30 Min.)*

Material: Wandzeitungen und Stifte für beide Gruppen, zwei Räume oder Platz für zwei Gruppen in einem Raum

Mädchen und Jungen für diese Übung trennen. Jede Gruppe sammelt Aussagen auf einer Wandzeitung zu der Frage: „Was gefällt mir daran, ein Mädchen/ein Junge zu sein?"

Besprechen Sie die Antworten mit den Schülern durch eventuelle Nachfragen, ohne sie zu bewerten.

Variation: Führen Sie anschließend die folgende Übung durch und werten Sie beide gemeinsam aus.

Erfahrungen: Die Mädchen einer 6. Klasse mit Schülerinnen und Schülern aus der Türkei zeigten ein überwiegend negatives Selbstbild, die Jungen dagegen ein durchaus positives. Auffallend war die Fähigkeit der Mädchen, über ihre eigene Situation und die der Jungen zu reflektieren. Der einzige Vorteil, den sie mit dem Mädchen-Dasein verbanden, war die Möglichkeit, sich zu schminken und schön anzuziehen, ansonsten sahen sie darin nur Nachteile, vor allem die Mitverantwortung für den Haushalt und Einschränkungen beim abendlichen Ausgehen. Dieses Bewußtsein über die eigene Situation (und die der Mädchen) fehlte den Jungen fast vollständig. Die einzigen Nachteile, die sie mit dem Jungen-Dasein verbanden, waren, von den Lehrern häufiger ausgeschimpft zu werden und die Haare kurz geschnitten zu bekommen. Das Mädchenleben bedeutete für sie ausschließlich Negatives.

Wenn ich ein Junge/ein Mädchen wäre ... *(etwa 20 Min.)*

Material: DIN-A5-Zettel und Stift für jede, zwei Räume oder Platz für zwei Gruppen in einem Raum

Diese Übung schließt an die vorherige an und findet ebenfalls in geschlechtsgetrennten Gruppen statt. Jede schreibt zuerst für sich alleine auf, wie es wäre, dem anderen Geschlecht anzugehören. Die Mädchen schreiben den Satz „Wenn ich ein Junge wäre ...", die Jungen den Satz „Wenn ich ein Mädchen wäre ..." zu Ende. Die Jugendlichen schreiben ihre Namen nicht auf die Zettel. Nach etwa 10 Minuten können Sie die Zettel einsammeln und die Antworten anonym vorlesen. Besprechen Sie die Antworten mit der Gruppe, ohne sie zu bewerten.

Variationen: In einer weiteren Unterrichtsstunde zum Thema können die Wandzeitungen und Zettel der ganzen Gruppe ohne Namensangaben vorgelesen und von Mädchen und Jungen gemeinsam besprochen werden. Interessant sind folgende Überlegungen:

❏ Ist das Selbstbild der Mädchen und Jungen eher positiv oder negativ? Woran könnte das liegen?

❏ Beziehen sich die als positiv bewerteten Punkte beim Brainstorming eher auf wahrgenommene Fähigkeiten oder Eigenschaften („Mädchen sind netter", „Jungen sind stärker") oder auf Äußerlichkeiten („Mädchen können sich schminken und schön anziehen", „Jungen können Fußball spielen")?

❏ Inwieweit stimmen die Mädchen- und Jungenbilder mit gesellschaftlichen Klischees überein?

❏ Inwieweit stimmen die Vorstellungen der Mädchen über sich selbst mit denen der Jungen über sie und umgekehrt überein?

Vorbilder *(etwa 30 Min.)*

Material: zwei Räume oder Platz für zwei Gruppen in einem Raum

Mädchen und Jungen für diese Übung trennen. Besprechen Sie mit den Jugendlichen, was Vorbilder sind. Geben Sie am besten ein eigenes Beispiel von einem gleichgeschlechtlichen Vorbild und erzählen Sie, warum diese Person für sie ein Vorbild ist. Fragen Sie die Mädchen: Wer sind eure Vorbilder? Was findet ihr toll an diesen Frauen? Inwieweit entsprechen oder entsprachen sie traditionellen Rollenzuschreibungen? Kennt ihr Frauen, für die z. B. der Beruf genauso wichtig oder wichtiger ist als Beziehungen oder Familie? Wie findet ihr das?

Fragen Sie die Jungen:

Wer sind eure Vorbilder? Was findet ihr toll an diesen Männern? Inwieweit entsprechen oder entsprachen sie traditionellen Rollenzuschreibungen? Kennt ihr Männer, für die Beziehungen und Familie genauso wichtig sind wie ihr Beruf? Wie findet ihr das?

Variation: Die Ergebnisse können gemeinsam mit allen besprochen werden.

Traditionelle Geschlechterzuschreibungen hinterfragen und flexible Geschlechterentwürfe entwickeln

Traditionelle geschlechtsbezogene Rollenzuschreibungen in der Schule, in der Familie und in der Gesellschaft werden problematisiert. Die Jugendlichen sollen diese mit ihren eigenen Erfahrungen vergleichen und dabei eine flexiblere Vorstellung davon entwickeln, wie Mädchen und Frauen, Jungen und Männer sich fühlen und verhalten (können).

Viele der folgenden Übungen finden in Form von Brainstorming statt. Das hat den Vorteil, daß die Jugendlichen unverbindliche Aussagen machen können, die nicht begründet werden müssen und die die Klasse anschließend personenungebunden besprechen kann. Die Schwierigkeit bei diesen Übungen ist, sich mit herkömmlichen Rollenzuschreibungen der Geschlechter auseinanderzusetzen, ohne diese unbeabsichtigt zu bestätigen. Die Jugendlichen sollen die ganze Bandbreite ihrer Erfahrungen kennenlernen und somit ihre Vorstellungen von Geschlechterrollen erweitern. Das setzt voraus, daß sie im Alltag Frauen und Männer nicht nur in ihren herkömmlichen Rollen erleben.

Vorurteile *(etwa 45 Min.)*

Spielidee: Brainstorming zu Vorurteilen über Mädchen, Jungen und alte Menschen

Material: Wandzeitungen und Stifte

Führen Sie die Übung möglichst in geschlechtsgetrennten Gruppen durch. Auf diese Weise können beide Gruppen ihre eigene Stärke spüren, ehe sie sich mit dem anderen Geschlecht auseinandersetzen.

Erzählen Sie zur Einleitung, was Vorurteile sind, oder lassen Sie es die Schüler erklären. Fragen Sie nach konkreten Beispielen und nennen Sie eigene („Alle Amerikaner kauen Kaugummi", „Frauen können schlecht Auto fahren" usw.). Überlegen Sie mit den Jugendlichen, warum Menschen Vorurteile haben.

Hängen Sie drei Wandzeitungen mit folgenden Überschriften an die Tafel: „Mädchen können nicht ...", „Jungen können nicht ...", „Alte Menschen können nicht ...". Die Sätze werden nacheinander in Form eines Brainstormings beendet. Es werden alle Antworten aufgeschrieben, auch wenn diese nur eine einzige Person vertritt. Proteste können geäußert werden, werden aber vorläufig nicht berücksichtigt. Anschließend lesen Sie die Listen mit der Klasse durch und streichen alle Antworten, die nicht unbedingt oder nicht immer stimmen, z. B. „Mädchen können nicht Fußball spielen", „Jungen können nicht stricken", „Alte Menschen können sich nicht gut bewegen". Fragen Sie die Jugendlichen, welche Ausnahmen sie kennen. Besprechen Sie dabei mit den Jugendlichen, warum diese Vorurteile bestehen. Dann erst bringen Sie die Mädchen- und Jungengruppen zusammen. Diese stellen sich gegenseitig ihre Ergebnisse vor und besprechen ihre unterschiedlichen Wahrnehmungen und Beurteilungen.

Variationen: Setzen Sie andere Überschriften über das Brainstorming und besprechen Sie die Vorurteile, z. B. „Deutschen können nicht ...", „Ausländerinnen und Ausländer können nicht ...".

Erfahrungen: Bei dieser Übung wurde es immer sehr laut; Mädchen wie Jungen waren sehr lebhaft. In einer Klasse entwickelte sich eine interessante Dynamik: Da die Jungen offensichtlich der Meinung waren, sie könnten alles oder müßten alles können, protestierten sie lautstark bei Aussagen der Mädchen wie „Jungen können nicht an andere denken" oder „Jungen hauen und denken nicht daran, daß sie damit dem anderen weh tun".

Abgewandelt nach einer Idee von Kreidler, 1984, S. 170

Rollenspiele: Vorurteilen entgegentreten *(45 Min.)*

Fragen Sie die Jugendlichen, mit welchen Vorurteilen sie in bezug auf geschlechtsspezifisches Verhalten konkret konfrontiert wurden oder werden. Fragen Sie die Betroffenen, wie sie sich in der jeweiligen Situation fühlten und wie sie reagierten. Wie kann man solchen Vorurteilen konstruktiv entgegentreten? Überlegen Sie mit der Gruppe mögliche Strategien.

Spielen Sie dann eine Situation durch, wie sie wirklich passierte, und anschließend als Variation, wie man darauf anders reagieren könnte.

Werten Sie mit der Gruppe die Strategie aus: Was bewirkte die neue Antwort? Wie fühlten sich beide Seiten? Versuchen Sie, jeweils eine Situation für die Mädchen und eine für die Jungen zu bearbeiten.

Falls die Jugendlichen keine eigenen Erfahrungen einbringen, können folgende Situationen durchgespielt werden:

Der Vater sagt zum Jungen: „Du darfst nicht weinen – ein Indianer kennt keinen Schmerz!"

Die Lehrerin sagt zu einem Mädchen, das einen Klassenkameraden gehauen hat: „Ein Mädchen prügelt sich nicht."

Der Mathelehrer sagt zu einem Mädchen: „Mädchen sind sowieso schlechter in Mathe als Jungen."

Erfahrungen: Es gibt Vorurteile, die nicht eindeutig widerlegt werden können, z. B. „Mädchen sind schwächer", „Jungen sind stärker". Bei der Auseinandersetzung mit solchen Vorurteilen ist es wichtig, nachzufragen, was die Jugendlichen mit ihren Aussagen meinen: Was heißt für sie „Schwäche" und „Stärke"?

Befragung: Wie sind Mädchen, wie sind Jungen?
(ein bis zwei Schulstunden)

Spielidee: Jugendliche befragen Erwachsene über ihre Vorstellungen von Mädchen und Jungen

Material: Papier und Stifte

Die Jugendlichen entwerfen einen Fragebogen für ihre Eltern, ihre Lehrkräfte und ihre Erzieherinnen. Die Erwachsenen werden gefragt, welche Vorstellungen sie von Mädchen und Jungen haben. Nach der Befragung, die in Kleingruppen durchgeführt wird, werden die Ergebnisse zusammengetragen und besprochen. Sind die Jugendlichen mit den Antworten der Erwachsenen einverstanden? Warum haben die Erwachsenen wohl so geantwortet?

Abgewandelt nach einer Idee von Stanzel, 1986, S. 141

Wer macht was? *(20–30 Min.)*

Spielidee: Auseinandersetzung mit der geschlechtsspezifischen Rollenverteilung zu Hause

Material: Wandzeitungen und Stifte

Fragen Sie die Jugendlichen, welche Arbeiten zu Hause anfallen – z. B. kochen, putzen, Kinder betreuen, arbeiten gehen –, und schreiben Sie die Antworten auf eine Wandzeitung. Gehen Sie die Liste noch einmal durch und fragen Sie, wer welche Arbeiten ausführt. Welchen Sinn hat diese Aufgabenteilung? Sind alle Beteiligten damit zufrieden? Was würden die einzelnen gerne verändern? Kennt ihr Familien, in denen das ganz anders läuft? Wie möchtet ihr das selbst später machen?

Variationen: Beziehen sie die Übung auf die geschlechtsspezifische Arbeitsteilung in der Schule und im Hort, z. B.: Wer bedient die technischen Geräte, wer ist Klassensprecher(in), wer räumt auf?

Abgewandelt nach einer Idee von Stanzel, 1986, S. 141

Umgang mit sexueller Belästigung

Die Jugendlichen setzen sich mit Situationen innerhalb und außerhalb der Schule auseinander, bei denen sie sexuell belästigt werden oder andere sexuell belästigen.

Die meisten der folgenden Übungen werden in geschlechtsgetrennten Gruppen durchgeführt und verfolgen eine unterschiedliche Zielsetzung bei Mädchen und Jungen. Die Mädchen sollen lernen, ihre Grenzen wahrzunehmen und durchzusetzen. Jungen sollen vor allem lernen, die Grenzen der Mädchen, aber auch die anderer Jungen wahrzunehmen und zu achten. Beide Geschlechter brauchen geschützte Räume, um über ihre Erfahrungen zu reflektieren und neue Erfahrungen zu machen.

Atemübung

Spielidee: Zwerchfellatmung üben, Kräfte spüren

Altersstufe: 5. bis 6. Klasse

Diese Übung ist besonders wichtig für Mädchen und soll möglichst in getrennten Mädchen- und Jungengruppen durchgeführt werden.

Die Gruppe steht im Kreis. Es geht bei der Übung darum, bewußter atmen zu üben, und zwar vom Zwerchfell und nicht von der Brust aus, weil aus dem Zwerchfell viel mehr Energie kommt. Spricht man aus dem Zwerchfell, wird die Stimme tiefer und wirkt stärker. Die Kinder legen ihre Hände auf das Zwerchfell, atmen langsam und fühlen, wie es größer und kleiner wird. Während Sie bis fünf zählen, atmen die Kinder langsam ein. Beim Ausatmen sagen sie „ho, ho, ho". Wenn sie die Übung richtig gemacht haben – was erfahrungsgemäß einige Übung erfordert –, können sie es spüren. Dann gehen Sie langsam im Kreis herum und lassen mehrere Kinder einen Satz vom Zwerchfell aus sagen. (Diese Übung soll in Abständen immer wieder durchgeführt werden.)

Abgewandelt nach: Prutzman u. a., 1988, S. 42

Das Ja-Nein-Spiel

Führen Sie die Übung in geschlechtsgetrennten Gruppen durch. Das gibt den Mädchen die Möglichkeit, selbstbewußtes Auftreten auszuprobieren. Besonders die Schüchternen unter ihnen können sich davon überzeugen, daß ihr „Nein" überhaupt etwas bewirkt, und sie werden sich eher trauen, vor der Gruppe zu spielen.

Teilen Sie die jeweilige Gruppe in Paare auf. Die Paare stehen sich gegenüber und unterhalten sich nur mit zwei Worten: Eine Person sagt „Ja", die andere „Nein". Nach ein bis zwei Minuten werden die Rollen getauscht. Anschließend führen einige Paare ihr Ja-Nein-Spiel vor. Fordern Sie gezielt zurückhaltende Jugendliche dazu auf. Besprechen Sie dann mit allen, ob und wie unterschiedlich sich das „Jasagen" und das „Neinsagen" anfühlte. Was fiel euch schwer? Was machte Spaß?

Variation: „Ja" und „Nein" können auch auf konkrete Situationen bezogen werden.

Rollenspiel: Nein sagen *(30–45 Min.)*

Die Übung wird in getrennten Mädchen- und Jungengruppen durchgeführt; sie ist für Mädchen besonders wichtig. Fragen Sie die Jugendlichen nach einer Situation, in der sie nein sagen wollten, sich das aber nicht getraut haben oder der andere ihr Nein überhört hat. Wie ging es dir da, was hast du gemacht, was hat der andere gemacht?

Eine Kleingruppe spielt die Situation nach den Anweisungen der Betroffenen nach und bespricht sie anschließend. Fragen Sie die Jugendlichen, was das Mädchen bzw. der Junge in der Situation machen könnte, wenn es noch einmal passiert. Machen Sie der Gruppe ein leises und ein lautes Nein vor. Dabei soll deutlich werden, daß auch ein leises Nein ernst zu nehmen ist. Üben Sie mit der ganzen Gruppe das Neinsagen ein, und zwar mit einer lauten, kräftigen Stimme und eindeutiger Körperhaltung. Dann wird die Situation mit der neuen Reaktion noch einmal durchgespielt und ausgewertet. Wie fühlte sich die Betroffene diesmal, wie reagierte die andere Person? Falls die Zeit es erlaubt und die Jugendlichen noch konzentriert sind, können Sie weitere Situationen durchspielen.

Abgewandelt nach einer Idee von Braun, 1989, S. 46

Wir wollen ... *(30–45 Min.)*

Spielidee: Mädchen und Jungen machen sich bewußt, wie sie vom anderen Geschlecht behandelt werden wollen

Die Übung findet zunächst in getrennten Mädchen- und Jungengruppen statt. Es ist wichtig, daß die Jugendlichen die Übung ernst nehmen und sie nicht ins Lächerliche ziehen. Jede Gruppe macht ein Brainstorming dazu, was sie vom anderen Geschlecht wollen, bzw. wie sie vom anderen Geschlecht behandelt werden wollen. Die Jugendlichen schreiben den Satz zu Ende: „Wir wollen ..." und besprechen anschließend die Ergebnisse:

Welche Punkte sind für uns besonders wichtig, z. B. wir wollen, daß die Jungen uns beim Arbeiten in Ruhe lassen, oder: Wir wollen von den Jungen nicht begrapscht werden. Wie können wir versuchen, das den Jungen klarzumachen? Was können wir tun, wenn sie unsere Forderungen nicht beachten?

Wenn die Stimmung in beiden Gruppen offen ist und beide Gruppen es möchten, können sie am Ende der Stunde zusammenkommen, um sich ihre Ergebnisse gegenseitig vorzustellen.

Berührungen *(zwei Schulstunden)*

Vorbereitung: überlegen Sie Beispiele aus Ihrer eigenen Kindheit

Die Übung wird in getrennten Mädchen- und Jungengruppen durchgeführt; sie ist für Mädchen besonders wichtig.

Fragen Sie die Jugendlichen, welche angenehmen und unangenehmen Berührungen sie kennen. Gibt es Berührungen, bei denen sie unsicher sind? Welche Berührungen sind angenehm? Welche sind nicht angenehm?

Erklären Sie den Jugendlichen die Begriffe „Ja-Gefühle", „Nein-Gefühle" und „komische Gefühle": Ja-Gefühle sind eindeutig schöne Gefühle, Nein-Gefühle sind eindeutig schlechte Gefühle, und komische Gefühle sind welche, bei denen man sich unsicher ist, ob man sie schön oder schlecht finden soll. Fordern Sie die Jugendlichen auf, Beispiele für Ja-, Nein- und komische Gefühle zu geben. Erklären Sie ihnen, daß sie immer das Recht haben, nein zu sagen, wenn sie etwas nicht wollen oder wenn sie sich unsicher sind.

In Kleingruppen bekommen die Jugendlichen anschließend 10–12 Kärtchen, auf denen unangenehme Situationen kurz beschrieben sind, z. B. für die Mädchengruppe: Du siehst spät abends einen „Spanner" in der S-Bahn; jemand beschimpft dich als „Votze"; ein Klassenkamerad zieht dir den Pulli hoch. Jede Gruppe bewertet die Kärtchen nach dem Grad ihres Unangenehmseins. Anschließend stellt jede Gruppe die Situation vor, die sie am unangenehmsten empfand. Es ist wichtig festzustellen, daß es bei den Antworten kein „richtig" oder „falsch" gibt. Was für ein Mädchen sehr unangenehm ist, stört eine andere Schülerin vielleicht kaum.

Fragen Sie jetzt nach konkreten Situationen, die die Mädchen bzw. Jungen selbst erlebt haben, in denen sie sich unwohl fühlten bzw. ein komisches Gefühl hatten. Was ist passiert? Was hat die Betroffene getan? Wie hat die andere Person reagiert? Die Betroffene spielt die Situation mit einer anderen Jugendlichen nach. Dann überlegt die Gruppe, wie die Jugendliche ihr Anliegen eindeutig vorbringen könnte. Die Situation wird noch einmal durchgespielt und ausgewertet.

Erfahrungen: Als wir mit Mädchen aus der Türkei in der 6. Klasse übten, wie sie ihre Nein-Gefühle anderen eindeutig mitteilen könnten, prägte sich ein Mädchen mit Begeisterung die Aussage ein: „*Ich* bestimme, was mit meinem Körper passiert!" Fortan begrüßte sie mich auf dem Gang und in der Klasse nur noch mit diesem Spruch.

Abgewandelt nach einer Idee von Mebes, 1988, S. 4 f. und von Hartmann und Ratz, 1992, S. 49

Persönliche Grenzen *(30 Min.)*

Vorbereitung: sich über ihre eigenen Grenzen Gedanken machen

Diese Übung wird in geschlechtsgetrennten Gruppen durchgeführt.

Sprechen Sie mit den Jugendlichen über persönliche Grenzen, d. h. darüber, wie nah sie andere an sich heranlassen wollen. Persönliche Grenzen hängen von den Menschen, ihren Gefühlen und der Situation ab. Manchmal fühlt man sich jemandem sehr nah und möchte sie oder ihn umarmen und berührt werden. Manchmal ist man traurig oder ärgert sich und möchte von allen nur in Ruhe gelassen werden. Es gibt auch Menschen, die eher distanziert, und Menschen, die anderen gegenüber meistens offen sind. Jeder Mensch hat seine eigenen persönlichen Grenzen anderen gegenüber, die sich immer wieder ändern. Jeder hat das Recht, daß seine Grenzen nicht von anderen verletzt werden.

Fragen Sie die Jugendlichen nach ihren Erfahrungen mit „Grenzverletzungen" in der Klasse und in der Schule. Was ist passiert, wer hat ihre Grenzen verletzt und wie? Wie und mit welchem Erfolg haben sie sich dagegen gewehrt?

Variationen: Überlegen Sie mit den Jugendlichen Strategien zum Umgang mit Grenzverletzungen in der Klasse; daraus können Sie auch gemeinsam Klassenregeln erarbeiten.

Kräfte spüren

Spielidee: Mädchen sollen ihre körperlichen Kräfte spüren

Altersstufe: 5. bis 6. Klasse

Diese Übung wird ausschließlich in der Mädchengruppe durchgeführt. Es werden Paare gebildet, die etwa die gleiche Körpergröße haben. Jedes Paar stellt sich Rücken an Rücken auf. Abwechselnd hebeln sich die Mädchen gegenseitig auf den Rücken der anderen. Danach versuchen zwei oder drei Mädchen gemeinsam, Sie in eine Ecke zu ziehen; das machen mehrere Mädchen hintereinander, bis alle dran waren. Dann versuchen die Mädchen wieder in Paaren oder Kleingruppen Sie über eine Linie zu ziehen. Als letztes versuchen die Mädchen, Ihnen etwas wegzunehmen.

Abgewandelt nach einer Idee von Braun, 1989

126

Austoben *(30–45 Min.)*

Spielidee: die Jungen bzw. Mädchen toben sich miteinander in geschlechtsgetrennten Gruppen aus und lernen, zwischen „Spaß" und „Ernst" zu unterscheiden

Altersstufe: 5. bis 6. Klasse

Material: ein Raum mit Teppich oder Turnmatten

Diese Übung wird mit Jungen und Mädchen durchgeführt. Fordern Sie die Kinder nacheinander auf, in die Mitte des Kreises zu gehen und sich mit einem etwa gleich großen Klassenkameraden auszutoben, zu kämpfen. Absolute Regel ist, daß niemandem weh getan werden darf. Fragen Sie die Kinder, was ihnen beim Kämpfen Spaß macht und was sie daran stört. Woher wissen sie, wann Spaß und wann Ernst ist? Haben Sie ein Signal vereinbart, um klarzumachen, wenn sie aufhören wollen, wenn sie Angst haben, verletzt zu werden?

Ich wehre mich *(ein bis zwei Schulstunden)*

Material: ein Raum mit Teppich oder Turnmatten

Diese Übung wird ausschließlich mit Mädchen durchgeführt. Fragen Sie die Mädchen, ob sie schon einmal von Jungen belästigt wurden. Lassen Sie die Mädchen einige erlebte Situationen schildern. Wie ging es ihnen dabei? Wie haben sie sich gewehrt? Stellen Sie dann einen Stuhl in die Mitte des Kreises. Der Stuhl stellt den Jungen dar, der das Mädchen geärgert hat (nehmen Sie auf eine der geschilderten Situationen konkreten Bezug).

Was sagst du also diesem Jungen? Die Mädchen reden nacheinander mit dem Stuhl und drücken ihren Unmut aus. Fordern Sie die Mädchen auf, klar zu sagen, was sie wollen und nicht wollen. Achten Sie darauf, daß sie ihre Anliegen überzeugend darstellen, und fordern Sie sie wenn nötig auf, lauter zu sprechen.

Im zweiten Teil der Übung üben die Mädchen, wie sie sich in konkreten Situationen wehren können. Im ersten Durchgang spielen sie die Situation durch, wie sie wirklich passiert ist. Dann spielen sie die Situation erneut, um zu üben, wie sie sich wehren können. Das kann z. B. nach den folgenden drei Schritten aus einem Selbstbehauptungstraining ablaufen (in dem Beispiel geht es darum, daß ein Lehrer den Arm eines Mädchens berührt):

1. Benenne das Verhalten, das dir nicht gefällt! – „Sie berühren meinen Arm! Das will ich nicht!"

2. Sage genau, was du willst, das er jetzt tun soll! „Nehmen Sie Ihre Hand weg!"

3. Setze dich durch! – Arm entziehen, wenn der Angreifer die Anweisung nicht befolgt. (Hartmann und Ratz, 1992, S. 50)

Machen Sie den Mädchen deutlich, daß sie sich behaupten können, ohne den Angreifer zu konfrontieren. Zum Beispiel können sie weggehen, Hilfe holen o. ä.

Fragen Sie die Mädchen anschließend, wie sie sich bei dem Rollenspiel fühlten und teilen Sie ihnen mit, wie zögerlich oder überzeugend sie wirkten. Machen Sie deutlich, daß Körperhaltung, Stimme und Blick genauso wichtig sind wie Aussagen. Besprechen Sie mit den Mädchen, was sie tun können, wenn der andere nicht aufhört, sie zu belästigen.

Abgewandelt nach: Hartmann und Ratz, 1992

4.6 Gewaltfreie Konfliktaustragung

Im Rahmen der ersten fünf Themenbereiche haben Sie die Voraussetzungen gewaltfreier Konfliktaustragung erarbeitet. In diesem Kapitel biete ich Ihnen Möglichkeiten an, *mit Jugendlichen direkt an ihren Konflikten zu arbeiten*. Die Schülerinnen sollen erfahren, was Konflikte sind; sie sollen ihr eigenes und das Konfliktverhalten anderer verstehen und einschätzen lernen; und sie sollen konkrete Strategien zum konstruktiven Umgang mit Konflikten entwickeln bzw. einüben.

In diesem Kapitel benutze ich verschiedene Begrifflichkeiten in bezug auf Konflikte und Konfliktaustragung. Den Begriff *„Konflikt"* definierte ich bereits im 2. Kapitel. Konflikte führen häufig – aber nicht zwangsläufig – zu *Streit* und *Ärger.* Man kann Konflikte austragen oder Probleme lösen, ohne sich zu streiten oder zu ärgern. Ich spreche inzwischen bewußt von *Konfliktaustragung* oder *Konfliktregelung* statt Konfliktlösung. Natürlich wird immer eine einvernehmliche Lösung angestrebt – diese ist aber häufig nicht erreichbar. In solchen Situationen kann ein Konflikt trotzdem bewußt ausgetragen werden, und die Beteiligten können versuchen, ihn auf einem akzeptablen Niveau zu regeln.

Der Schwerpunkt der Konfliktarbeit liegt auf der Auseinandersetzung mit den *Alltagskonflikten* der Jugendlichen. Sie sollen erkennen, welche Faktoren ihr Verhalten in Konflikten beeinflussen. Wie jedes andere Verhalten wird auch das Konfliktverhalten in der Familie, in pädagogischen Institutionen und im Umgang mit Gleichaltrigen gelernt. Die persönliche Einstellung zu Konflikten hängt von den bisherigen Konflikterfahrungen der Schüler ab. Schülerinnen aus Familien, in denen Konflikte durch Autorität und womöglich physische Gewalt geregelt werden, haben einen völlig anderen Zugang zu Konflikten als Schülerinnen aus Familien, die versuchen, ihre Konflikte einvernehmlich zu regeln. Jugendliche, die gelernt haben, ihre Gefühle auszudrücken und ihre Wünsche und Bedürfnisse zu artikulieren, die erfahren haben, daß Konflikte unangenehm, aber auch spannend sein und positive Veränderungen bewirken können, gehen ganz anders Konflikte an als diejenigen, die Konflikte ausschließlich als negativ und bedrohlich erlebt haben. Diese unterschiedlichen Einstellungen beeinflussen wesentlich die Art der Konfliktaustragung.

Auch Lehrerinnen werden aggressiv und provozieren damit Konflikte mit Schülern, obwohl sie selten offensichtlich gewalttätig werden. Indem sie aber bestimmte Jugendliche nicht in ihrer gesamten Persönlichkeit, sondern nur ihre negativen Verhaltensweisen und Äußerungen wahrnehmen und kommentieren („Das habe ich mir schon vorher denken können!" „Ich habe nicht erwartet, daß du diese Aufgaben lösen kannst."), wirken auch sie *indirekt gewalttätig*. Viele Lehrerinnen wollen sich nicht eingestehen, daß sie Aggressionen gegen Jugendliche empfinden. Sie versuchen ihre eigenen Aggressionen mit dem provozierenden Verhalten der Schülerinnen zu begründen, und geben damit die Verantwortung für ihre eigenen Gefühle und ihr eigenes Handeln ab. Sie appellieren an die Jugendlichen, sich anders – weniger aggressiv – zu verhalten, und merken nicht, daß sie es selbst vormachen.

Der Erfolg der „Konfliktarbeit" hängt von individuellen Faktoren ab. Zu ihnen gehören das Alter und der Entwicklungsstand der Jugendlichen, das Ausmaß ihrer persönlichen Schwierigkeiten, das soziale Miteinander in der Klasse, die Unterstützung durch das Kollegium und die Eltern und – nicht zuletzt – Ihr Engagement. Die Konfliktarbeit gewinnt an Effektivität, wenn Sie nicht nur von den Schülern Verhaltensveränderungen verlangen, sondern auch *Ihr eigenes Konfliktverhalten* in der Klasse *hinterfragen*, sich selbst gewissermaßen „verunsichern" lassen. Versuchen Sie die Ideen, die in den Übungen bearbeitet werden, in den Schulalltag einzubeziehen. Nehmen Sie immer wieder auf die Lernerfahrungen im Rahmen der Konfliktarbeit Bezug. Und seien Sie vorsichtig: Nur wenn Sie weder bei sich selbst noch bei den Jugendlichen schnelle radikale Verhaltensveränderungen erwarten, werden Sie kleine, aber bedeutende Fortschritte wahrnehmen können.

Sinn und Zweck der Konfliktübungen ist es, die Schüler für ihr eigenes Konfliktverhalten und das anderer zu sensibilisieren sowie mit ihnen gewaltfreie Konfliktaustragungsstrategien einzuüben. Nach und nach sollen die Jugendlichen ihre positiven Lernerfahrungen bei der Konfliktarbeit auf ihr Alltagsverhalten übertragen. Sie sollen versuchen, ihre „organisierten Erfahrungen" gegen die Realität des Umgangs miteinander im Klassenzimmer, auf dem Pausenhof, im Flur und auf dem Schulweg zu prüfen. Sie sollen gewaltfreie Konfliktlösungen nicht nur in Rollenspielen üben, sondern sie auch auf emotionsgeladene Konfliktsituationen übertragen. Sie sollen die Chance bekommen, aus ihren Fehlern zu lernen. Hierbei brauchen die Jugendlichen dringend Ihre Ehrlichkeit, Ihre Ermutigung und Ihren Beistand. Obwohl vermutlich manche „Früchte" der Konfliktarbeit für Sie unsicher bleiben werden, lohnt es sich trotzdem!

Die Übungen sind nach folgenden Gesichtspunkten unterteilt:

❑ Konflikte verstehen

❑ Konfliktverhalten von Mädchen und Jungen

❑ Konflikte gewaltfrei austragen.

Fragen zur Klärung der Klassensituation in bezug auf Konflikte:

Bitte sehen Sie sich noch einmal ihre Antworten auf die im 1. Kapitel gestellten Fragen zur Klärung von Konflikten in der Klasse an. Daraufhin können Sie die Schwerpunkte für die anstehende Arbeit zum Thema „Gewaltfreie Konfliktaustragung" setzen.

Konflikte verstehen

Die Jugendlichen reflektieren über ihre eigenen Erfahrungen mit Konflikten und lernen, Konfliktverläufe wahrzunehmen.

Bei den folgenden Übungen ist es wichtig, daß die Schülerinnen nicht nur über Konflikte sprechen, sondern sie immer wieder vorspielen. Wenn Erwachsene ihnen Konflikte zwischen Jugendlichen vorspielen, können sie ihr eigenes Verhalten aus einer neuen Perspektive wahrnehmen.

Konflikte *(15–20 Min.)*

Spielidee: Einführung des Themas „Konflikte" anhand eines Rollenspiels

Altersstufe: 5. bis 6. Klasse

Vorbereitung: mit einer Kollegin ein Rollenspiel zu einem Alltagskonflikt der Schüler vorbereiten

Erzählen Sie, daß Sie mit Ihrer Kollegin eine Situation unter Kindern vorspielen wollen, und daß sie genau aufpassen sollen, was da passiert. Besprechen Sie nach dem Rollenspiel folgende Fragen mit den Kindern: Was war los? Streitet ihr euch auch manchmal? Mit wem? Über was? Wie geht es euch dabei, welche Gefühle habt ihr?

Was ist ein Konflikt?

Altersstufe: 5. bis 6. Klasse

Fragen Sie die Kinder, was sie unter dem Begriff „Konflikt" verstehen. Sie können ihn folgendermaßen erklären: Ein Konflikt ist, wenn zwei oder mehrere Kinder oder Erwachsene sich nicht einigen können. Zum Beispiel ist es ein Konflikt, wenn zwei Menschen etwas anderes wollen und beides nicht geht.

Ein Konflikt kann zu einem Streit werden, muß aber nicht. Fragen Sie die Kinder: Mit wem habt ihr Konflikte (z. B. mit Freunden, Eltern, Geschwistern, Klassenkameradinnen, Lehrerinnen)? Könnt ihr mir Beispiele von Konflikten geben, die ihr erlebt habt? Kann man auch mit sich selbst einen Konflikt haben?

Auswertung: Fragen Sie die Kinder, ob ihnen jetzt klar ist, was ein Konflikt ist.

Variationen: Lassen Sie die Kinder etwas über Konflikte schreiben, und besprechen Sie das Geschriebene mit der Klasse.

Konfliktbild *(30 Min.)*

Altersstufe: 5. bis 6. Klasse

Material: Malstifte und Papier für jedes Kind

Jedes Kind malt für sich ein Bild mit dem Titel: „Ein Konflikt ist für mich ...“ Das Bild kann ein Gefühl zum Ausdruck bringen oder eine Konfliktszene darstellen. Anschließend sitzt die Klasse im Kreis, und jedes Kind zeigt sein Bild. Die Bilder brauchen nicht einzeln besprochen zu werden. Sie können darauf hinweisen, wie unterschiedlich die Kinder Konflikte erleben. Sie können auch bei der späteren Arbeit auf die Bilder zurückkommen.

Variation: Die Kinder können eine Geschichte zu ihrem Bild schreiben.

Welche Konflikte erleben wir?

Material: dicke Stifte und Wandzeitungen

Die Klasse macht ein Brainstorming zu der Frage „Welche Konflikte erleben wir?“ Durch Striche werden Zusammenhänge zwischen den verschiedenen Konfliktbereichen aufgezeigt (s. Abb. auf der folgenden Seite). Wenn die Schülerinnen z. B. angeben, mit Eltern oder Geschwistern Konflikte zu haben, fragen Sie nach, um welche Konflikte es sich handelt.

Abgewandelt nach einer Idee von Kreidler, 1984, S. 53 f.

Konflikte mit mir selbst

Fragen Sie die Schüler, ob sie schon einmal mit sich selbst einen Konflikt hatten. (Meistens sind das Situationen, in denen man sich zwischen zwei Alternativen nicht entscheiden kann.) Fragen Sie, ob andere Ähnliches erlebt haben. Welche Gefühle hat man, wenn man einen inneren Konflikt hat? Erzählen Sie von einem eigenen inneren Konflikt.

Variation: Die Jugendlichen schreiben über ihre inneren Konflikte.

Abgewandelt nach: Kreidler, 1984, S. 58 f.

131

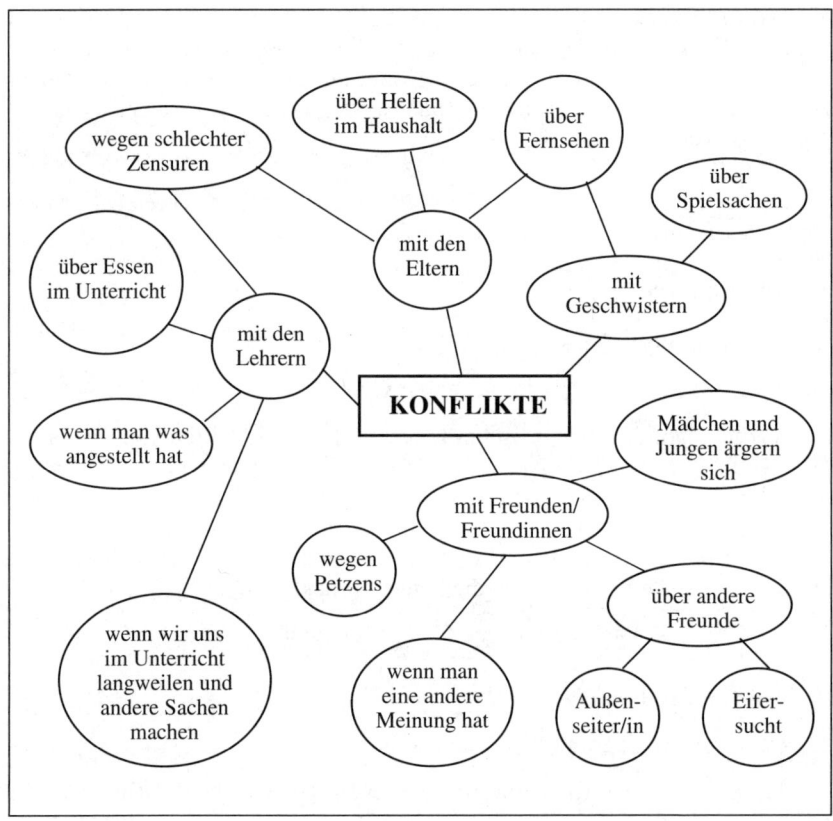

Gefühle bei Konflikten

Material: dicke Stifte und eine große Wandzeitung

Fragen Sie die Klasse, welche Gefühle sie bei Konflikten erlebt, und schreiben Sie alle Antworten auf die Wandzeitung. Gehen Sie anschließend die Liste durch und unterstreichen alle Gefühle, die positiv sein können. Unter welchen Umständen und für wen sind diese Gefühle positiv? Sind sie für beide Seiten positiv?

Variation: Die Klasse kann in Kleingruppen eingeteilt werden und überlegen, welche Gefühle bei Konflikten vorkommen. Anschließend werden die Ergebnisse zusammengetragen.

132

Konflikte beobachten *(45 Min.)*

Material: Beobachtungsbogen (s. unten)

Vorbereitung: Bereiten Sie mit einigen aus der Klasse Rollenspiele zu Alltagskonflikten vor.

Die Rollenspiele zu Alltagskonflikten werden der Klasse vorgespielt und
entlang folgender Fragen besprochen: Worum ging es bei dem Konflikt? Wie
wurde der Konflikt ausgetragen (durch Schreien, Hauen, Beleidigtsein, Ignorieren)? Wie ging der Konflikt aus (z. B. es gab keine Lösung, die Lehrerin ging
dazwischen, die Streitparteien einigten sich)? Anschließend bekommt jede
einen Beobachtungsbogen und die Aufgabe, in den nächsten zwei Tagen drei
Konflikte zu beobachten und ihre Beobachtungen zu dokumentieren. Die
Ergebnisse der Beobachtungsbögen werden in einer Diskussion zusammengetragen. Besprechen Sie dabei mit der Klasse Gemeinsamkeiten zwischen den
Konfliktabläufen, z. B. wenn man sich prügelt oder aus dem Weg geht, findet
man keine gemeinsame Lösung.

Erfahrungen: Es ist wichtig, daß Sie die Konflikte der Jugendlichen ernst
nehmen. Auch wenn manche Ihnen banal erscheinen dürfen, sind sie doch für
die Betroffenen von Bedeutung. Gerade an kleinen Konflikten, die immer
wieder vorkommen, können sie lernen, ihr eigenes Verhalten und das ihrer
Klassenkameraden kritisch zu beobachten bzw. wahrzunehmen.

Abgewandelt nach: Henriquez u. a., 1987, S. 1–36

	Konflikt 1	Konflikt 2	Konflikt 3
Worum ging es?			
Wie wurde der Konflikt ausgetragen?			
Wie ging es aus?			

Konflikte verstärken und entschärfen *(20–30 Min.)*

Material: dicke Stifte und Wandzeitungen

Besprechen Sie mit der Klasse, daß es kleine Konflikte gibt, die nicht so wichtig sind. Diese Konflikte sind für die Beteiligten nicht schlimm – sie ärgern sich darüber nur ein bißchen. (Fragen Sie nach einem Beispiel für einen solchen Konflikt.) Es gibt aber auch große Konflikte, die einen wirklich stören und beschäftigen. Diese Konflikte machen manchmal einen Zick-zack-Kurs auf und ab, d. h., man bekommt Wut, dann versteht man sich, und manchmal wird man dann wieder wütend. (Fragen Sie nach einem Beispiel für einen solchen Konflikt. Sie können auch diese zwei Konfliktarten an der Tafel bildlich darstellen.) Meistens kann man beeinflussen, ob ein Konflikt klein bleibt oder größer wird. Bei dieser Übung überlegen wir, wie man den Konflikt beeinflussen kann.

Im Brainstormingverfahren beantworten die Schülerinnen folgende Fragen: Durch welches Verhalten kann man einen Konflikt verstärken? Welches Verhalten entschärft den Konflikt (macht ihn weniger schlimm)? Schreiben Sie alle Antworten auf die Wandzeitungen auf. Gehen Sie mit der Klasse die Listen noch mal durch und unterscheiden Sie zwischen Verhaltensweisen der Streitenden selbst und Verhaltensweisen von Außenstehenden. Achten Sie darauf, ob es auf beiden Listen Überschneidungen gibt: Unter welchen Umständen sind diese Verhaltensweisen hilfreich bzw. nicht hilfreich? Oder ist es so, daß manche Jugendlichen z. B. die Frage einer Lehrerin „Was ist los?" als hilfreich, andere sie als eine Provokation empfinden?

Variation: Als Weiterführung der Übung können Sie die Schülerinnen in Kleingruppen Rollenspiele machen lassen. Sie können einen Alltagskonflikt zweimal durchspielen. Beim ersten Mal verschärft sich der Konflikt, beim zweiten Durchgang entschärft er sich.

Abgewandelt nach: Henriquez u. a., 1987, S. 1–7 f.

Mich ärgert in der Klasse … *(30 Min.)*

Altersstufe: 5. bis 6. Klasse

Material: DIN-A5-Blätter und ein Stift für jeden

Besprechen Sie mit den Kindern, daß es viele Sachen geben kann, über die man sich in der Schule ärgert – manchmal auch immer wieder über die gleichen Sachen. Bei dieser Übung geht es um diese ärgerlichen Situationen. Fragen Sie: Wer kann mir eine Situation schildern, in der er sich immer wieder geärgert hat? Machen Sie klar, daß es nicht um Personen geht, sondern um Verhaltensweisen.

Wenn ein Kind sagt: Ich ärgere mich über Tom, fragen Sie: Wann ärgerst du dich über Tom? Was tut er? Die Antwort könnte lauten: Ich ärgere mich, wenn Tom mir den Ball wegnimmt, ohne zu fragen, ob er mitspielen kann.

Jedes Kind schreibt für sich alleine eine Situation auf, in der es sich in der Klasse oder in der Schule immer wieder geärgert hat. Dann schreibt es auf, was es in dieser Situation tun kann, damit es ihm besser geht. Einzige Regel dabei ist, daß es durch das eigene Tun niemand anders schlechter gehen darf. Das heißt, wenn ein Kind sich ärgert, daß es seinen Platz im Stuhlkreis verliert, darf es nicht einem anderen Kind den Platz im Stuhlkreis wegnehmen.

Anschließend lesen die Kinder ihre Situationen und Ideen im Stuhlkreis vor. Sammeln Sie die Zettel ein und bauen Sie die Situationen in künftige Rollenspiele ein.

Konfliktsignale *(30 Min.)*

Altersstufe: 5. bis 6. Klasse

Material: DIN-A5-Blätter und ein Stift für jeden

Fragen Sie die Kinder, was ein Signal ist. Wofür sind Signale gut? Erklären Sie, daß es „Konfliktsignale" gibt und jeder andere hat. Ein Konfliktsignal sagt dir, wenn du dich ärgerst. Es ist wie ein Warnsignal, das dir z. B. sagt: Paß auf! Gleich wirst du ganz wütend! Erzählen Sie ein Beispiel von sich. Fragen Sie die Kinder, ob sie eigene Konfliktsignale kennen. Sammeln Sie einige Beispiele.

Dann schreibt jedes Kind für sich alleine folgenden Satz zu Ende: „Wenn … in mir passiert, weiß ich, daß ich gleich etwas Gemeines sagen oder machen werde."

Anschließend lesen die Kinder ihre Konfliktsignale im Stuhlkreis vor. Sammeln Sie mit ihnen Ideen, wie sie in Konfliktsituationen besser auf ihre Signale achten können.

Wut im Bauch *(30 Min.)*

Spielidee: Die Jugendlichen überlegen, wie sie Konflikte provozieren, wenn sie ihre Wut an Unbeteiligten ablassen.

Im ersten Teil der Übung fragen Sie die Klasse: Wer hat manchmal Wut im Bauch? Was macht ihr, wenn ihr wütend seid? Greifen Sie einige Beispiele auf, bei denen die Jugendlichen ihre Wut an anderen, nicht Betroffenen rauslassen. Fragen Sie, warum sie das tun und ob sie ihr Problem damit lösen. Versuchen Sie gemeinsam mit der Klasse herauszuarbeiten, daß man sich neue Probleme schafft, wenn man seine Wut an Unbeteiligten ausläßt. Sammeln Sie Beispiele, die dies zeigen.

Im zweiten Teil der Übung fordern Sie die Jugendlichen auf, alle gleichzeitig einen wütenden Satz zu schreien. Manchmal hat man Wut im Bauch und will oder muß sie irgendwie zurückhalten. Wie macht ihr das? Überlegen Sie gemeinsam konstruktive Möglichkeiten.

Erfahrungen: Es ist wichtig, bei Konflikten und Konfliktgesprächen immer wieder auf diese Übungen zurückzukommen.

Was sind die Folgen? *(20–30 Min.)*

Spielidee: Die Kinder überlegen die Folgen von Alltagsproblemen.

Altersstufe: 5. bis 6. Klasse

Material: Karteikarten mit Situationsbeschreibungen (s. unten)

Vorbereitung: Karteikarten vorbereiten

Teilen Sie die Klasse in Gruppen von vier bis fünf Kindern auf. Jede Gruppe bekommt einen Satz Karteikarten mit Beschreibungen von Alltagssituationen und hat die Aufgabe, mögliche Folgen dieser Situationen zu überlegen und aufzuschreiben. Die Gruppen können die gleichen Situationsbeschreibungen bekommen. Wichtig ist, daß sie altersangemessen sind.

Beispiele für Situationsbeschreibungen:

Janette vergißt morgens ihren Wohnungsschlüssel, wenn sie zur Schule geht. Was sind die möglichen Folgen?

Osman leiht eine Kassette von seiner Schwester aus, ohne sie zu fragen.

Andreas streitet sich beim Murmelspielen mit seinem Freund und haut einfach mit den Murmeln ab, die er gewonnen hat, obwohl sein Freund meint, sie wären seine.

Sarah sucht in Anjas Schultasche ein Arbeitsblatt, ohne zu fragen, ob sie das darf.

Thomas war gestern bei David zu Besuch. Davids Vater kam abends betrunken nach Hause – das erzählt jetzt Thomas den anderen in der Klasse.

Fadime erzählt ihren Freundinnen, daß sie gesehen hat, wie Veras Mutter sie schlug.

Auswertung: Fragen Sie die Kinder, warum es wichtig ist, sich über Folgen Gedanken zu machen. Was kann passieren, wenn man sich darüber keine Gedanken macht?

Abgewandelt nach einer Idee von Kreidler, 1984, S. 71

Streitreihen: Wir streiten uns *(20 Min.)*

Spielidee: verschiedene Rollen beim Streit ausprobieren

Vorbereitung: Situationen für Streitreihen überlegen

Bei dieser Übung stellt sich die Klasse in Gruppen auf, die sich in zwei Reihen gegenüberstehen. Die Jugendlichen, die einander direkt gegenüberstehen, arbeiten zusammen. Wenn jemand keine Partnerin hat, muß er beobachten.

Erklären Sie den genauen Verlauf der Übung: Die zwei Partner werden sich miteinander streiten, und zwar über ein Problem, das ich euch vorgebe. Alle Schülerinnen einer Reihe spielen gleichzeitig die gleiche Rolle, aber jede nur mit ihrer Partnerin. Wichtig ist, daß ihr auf euren Plätzen bleibt und nicht durch den Raum geht; auch dürft ihr euch nicht weh tun, sondern ihr streitet vor allem mit Worten. Ich werde die Situation schildern. Dann habt ihr eine halbe Minute Zeit, um euch in die Rolle hineinzudenken. Wenn ich „Los!" sage, spielt ihr. Nach ein bis zwei Minuten werde ich „Stop!" sagen, dann hört ihr auf zu spielen. Achtet darauf, was euer Körper ausdrückt.

Fragen Sie nach, ob alle Kinder verstanden haben, wie die Übung geht. Dann können Sie die erste Situation mit direkten Anweisungen vorgeben (s. Vorschläge unten).

Brechen Sie die Übung nach zwei Minuten ab. Sagen Sie den Jugendlichen, sie sollen darauf achten, was ihr Körper ausdrückt. Dann tauschen sie die Rollen und spielen die gleiche Situation wieder durch, wieder auf Anweisung. Nach dem zweiten Durchgang werten Sie die Übung im Stehen mit der Klasse aus. Fragen Sie: Wie ging es euch, als ihr die verschiedenen Rollen gespielt habt? Welche Rolle war euch vertrauter? In welcher Rolle habt ihr euch stärker gefühlt? Dann spielen Sie die zweite Situation auf die gleiche Weise zweimal durch und werten sie aus.

Variation: Statt zwei Reihen zu bilden, bildet die Klasse einen inneren und einen äußeren Kreis mit gleich vielen Schülern. Jeder im inneren Kreis hat eine Partnerin im äußeren Kreis.

Erfahrungen: Bei dieser Übung wird es sehr laut. Die Jugendlichen haben wenig Hemmungen, ihre Rollen zu spielen, weil die anderen so mit sich beschäftigt sind, daß niemand außer der eigenen Partnerin zuschaut.

Mögliche Situationen für Streitreihen: (Eine Reihe ist A, die andere ist B.)

Streit in der Klasse: Die Deutschlehrerin kommt in die Klasse und verteilt Arbeiten von letzter Woche, die ziemlich schlecht ausgefallen sind. A: Du beschwerst dich laut, weil du eine Fünf bekommen hast, und fängst an, die Lehrerin zu beschimpfen. B: Du bist die Lehrerin, die sich sowieso über die schlechten Arbeiten ärgert, und jetzt ganz besonders über diese freche Schülerin.

Streit auf dem Pausenhof: A: Du verkaufst Kuchen und Getränke während der Pause. B: Du willst etwas essen und trinken und nimmst dir einfach etwas, ohne zu bezahlen.

Konfliktarten

Spielidee: Die Jugendlichen kategorisieren ihre Konflikte.

Vorbereitung: Denken Sie sich eigene Beispiele für Konfliktkategorien aus.

Erzählen Sie der Klasse, daß es verschiedene Arten von Konflikten gibt. Man kann Konflikte besser verstehen und lösen, wenn man sie einordnen kann.

Fragen Sie, wer schon mal einen nützlichen Konflikt erlebt hat, einen Konflikt, der eine positive Veränderung bewirkt hat. Was hast du aus diesem Konflikt gelernt? Wie lief der Konflikt ab? Fragen Sie die Jugendlichen, welche überflüssigen Konflikte sie kennen, die fast nie zu einer positiven Veränderung führen. Welche überflüssigen Konflikte habt ihr in der Klasse? Wie laufen diese Konflikte ab? Warum kommen sie immer wieder vor? Was müßte passieren, um das zu ändern? Fragen Sie nach Beispielen für einfache und schwierige, gewalttätige und gewaltfreie, lösbare und unlösbare Konflikte. Fragen Sie die Jugendlichen, ob sie noch weitere Konflikte kennen. Hilft es, den Konflikt zu lösen, wenn man ihn einordnen kann?

Abgewandelt nach einer Idee von Kreidler, 1984, S. 55

Wie tragen wir Konflikte aus? *(30–45 Min.)*

Vorbereitung: Streitsituationen für Rollenspiele überlegen

Im ersten Teil der Übung lernen die Schülerinnen verschiedene Möglichkeiten der Konfliktaustragung kennen. Geben Sie eine Konfliktsituation vor und fragen Sie, wer Lust hat, den Streit zu spielen. Die Schüler spielen den Streit spontan zu Ende. Arbeiten Sie mit ihnen heraus, wie der Konflikt ausgetragen wurde, und fragen Sie, auf welche Weise die Streitenden ihren Konflikt noch hätten austragen können. Lassen Sie andere Jugendliche den gleichen Streit spielen, bis sie auf alle vier unten beschriebenen Lösungsmöglichkeiten kommen (zur Not können Sie selbst mitspielen). Schreiben Sie die vier Lösungswege an die Tafel:

Streit: Ich setze mich mit verbaler oder körperlicher Aggression durch und achte gar nicht auf den anderen.

Nachgeben: Ich wehre mich nicht und gebe nach.

Keine Lösung: Der Streit bleibt unentschieden.

Verhandeln: Ich versuche, mich durchzusetzen, achte aber auch auf den anderen. Wir überlegen, wie wir beide das bekommen können, was wir wollen.

Fragen Sie die Jugendlichen nach eigenen Beispielen und ordnen Sie diese unter die vier Möglichkeiten ein. Fragen Sie weiter: Welche Möglichkeiten tun dir oder anderen weh? Bei welchen kann man eine gute Lösung für beide Streitparteien finden? Erklären Sie, daß man durch Verhandeln meistens eine Lösung finden kann. Wenn man verhandelt, ist man nicht mehr *im* Konflikt, sondern man spricht *über* den Konflikt.

Im zweiten Teil der Übung spielen die Jugendlichen Konfliktsituationen vor, die sie selbst erlebt haben. Wichtig ist, daß alle vier Lösungsmöglichkeiten dargestellt werden.

Variation: Die vier Möglichkeiten, Konflikte auszutragen, werden nicht mit den Jugendlichen gemeinsam erarbeitet, sondern in Form von Rollenspielen (oder Bildern) vorgegeben. Bereiten Sie mit einer Kollegin oder mit zwei Schülern vier Rollenspiele vor, die Alltagskonflikte der Schüler aufzeigen, und spielen Sie diese zu Beginn der Stunde der Klasse vor. Die Rollenspiele stellen einen Konflikt dar, der vier verschiedene Ausgänge nimmt. Beim ersten Durchgang endet der Konflikt in Streit, beim zweiten gibt eine Konfliktpartei nach, beim dritten Durchgang gibt es keine Lösung, und beim vierten sprechen die Konfliktparteien miteinander, suchen und finden eine gemeinsame Lösung. Fragen Sie die Schülerinnen, welche Unterschiede sie festgestellt haben. Welche Möglichkeiten gibt es, Konflikte auszutragen? Benennen Sie die vier im Rollenspiel dargestellten Möglichkeiten und schreiben Sie diese auf die Tafel. (Die Übung wie oben beschrieben weiterführen.)

Konfliktverhalten von Mädchen und Jungen

Die Jugendlichen lernen, ihr Konfliktverhalten als Mädchen bzw. Jungen und das Konfliktverhalten des anderen Geschlechts wahrzunehmen. Zurückhaltende Mädchen werden bestärkt, sich in Konflikten zu behaupten; aggressive Jungen werden ermutigt, bei Konflikten Rücksicht auf andere zu nehmen.

Viele dieser Übungen werden in geschlechtsgetrennten Gruppen durchgeführt. Für Jungen ist es besonders dringend, daß ein Lehrer mit ihnen die Übungen macht. Jungen brauchen eine männliche Identifikationsfigur, die ihnen vorlebt, daß es nicht unmännlich ist, Schwäche zu spüren oder zu verlieren. Ansonsten hängen die Ergebnisse der Übungen vom Alter der Jugendlichen, von ihrem Erfahrungshintergrund und vom sozialen Miteinander in der Klasse ab.

Mädchenstreit, Jungenstreit *(30 Min.)*

Material: Wandzeitung oder Papier

Teilen Sie die Gruppe in Mädchen- und Jungengruppen auf. Eine Kollegin übernimmt die Mädchengruppe, ein Kollege die Jungengruppe.

Fragen Sie die Mädchen: Worüber streitet ihr euch untereinander? Wie tragt ihr eure Konflikte aus (z. B. durch Reden, Brüllen, Hauen, Ignorieren)? Schreiben Sie alle Antworten der Mädchen auf und besprechen Sie diese mit ihnen. Fragen Sie nach, wie die Mädchen Streit untereinander und Streit mit den Jungen erleben.

Fragen Sie die Jungen das Gleiche. (Fragen Sie nach, wie die Jungen Streit untereinander und Streit mit den Mädchen erleben.)

Variation: Die Jugendlichen beantworten die Fragen in Kleingruppen, die dann in den Mädchen- und Jungengruppen besprochen werden.

Rollenspiel: Mädchenstreit, Jungenstreit *(30–45 Min.)*

Spielidee: Die Jugendlichen üben – nach Geschlechtern getrennt –, mit Gemeinheiten in der gleichgeschlechtlichen Gruppe konstruktiv umzugehen.

Diese Übung wird in Mädchen- und Jungengruppen durchgeführt und schließt an die vorherige Übung an.

In der Mädchengruppe: Fassen Sie kurz zusammen, was die Mädchen über ihre Streitsituationen gesagt haben. Lassen sie die Mädchen in Kleingruppen eine Situation vorspielen, in der ein Mädchen einem anderen eine Gemeinheit antut oder sich mit ihr streitet. Werten Sie mit den Mädchen diese Situation aus: Was geht in dem angreifenden Mädchen vor, warum ist sie gemein bzw. warum streitet sie sich? Wie geht es dem Mädchen, das angegriffen wird? Welche Möglichkeiten hat sie, sich konstruktiv zu wehren?

Lassen Sie die Schülerinnen die Situation noch einmal durchspielen mit dem Unterschied, daß das angegriffene Mädchen sich dieses Mal wehrt (ohne das andere zu verletzen). Fragen Sie anschließend, wie es jetzt den beiden geht. Wenn sich die Mädchen noch konzentrieren können, können Sie anschließend eine weitere Situation spielen.

Spielen Sie das Gleiche in der Jungengruppe durch.

Erfahrungen: Die Auswertung der einzelnen Rollenspiele ist sehr wichtig. Die Jugendlichen sollen positive Anregungen erhalten, wie sie mit Konflikten umgehen können.

Wenn Mädchen und Jungen gemein sind ... *(20–30 Min.)*

Spielidee: Mädchen und Jungen überlegen in getrennten Gruppen, wie es aussieht, wenn sie zueinander gemein sind oder sich gegenseitig ärgern

Teilen Sie die Klasse in Mädchen- und Jungengruppe auf. Beide Gruppen schreiben zu folgenden Sätzen:

Als ich mal erlebt habe, daß ein Mädchen zu einem Jungen gemein war ... (ein Mädchen einen Jungen geärgert hat)

Als ich mal erlebt habe, daß ein Junge zu einem Mädchen gemein war ... (ein Junge ein Mädchen geärgert hat)

Besprechen Sie die Antworten mit den jeweiligen Gruppen. Warum seid ihr manchmal zu Jungen bzw. Mädchen gemein? Welche Erfahrungen habt ihr damit gemacht? Wie geht es euch, wenn ein Junge (bei den Mädchen) bzw. ein Mädchen (bei den Jungen) zu euch gemein ist? Welche Erfahrungen habt ihr damit?

Rollenspiele: Ärger mit Jungen, Ärger mit Mädchen *(45 Min.)*

Spielidee: Die Jugendlichen machen sich bewußt, was passiert, wenn Mädchen und Jungen sich streiten, und üben Gegenstrategien ein.

Führen Sie die Übung in geschlechtsgetrennten Gruppen durch. Fragen Sie die Schüler zu Beginn nach ihren Erfahrungen, wenn Mädchen Jungen und Jungen Mädchen ärgern: Wer fängt meistens an? Wie ärgern Mädchen Jungen? Wie reagieren die Jungen? Wie ärgern Jungen Mädchen? Wie reagieren die Mädchen? Warum ärgern sie einander? Was haben sie davon?

Beide Gruppen können anschließend beide Situationen vorspielen (sie ärgern andere und sie werden geärgert). Fragen Sie nach jedem Rollenspiel: Wie ging es dir in den verschiedenen Rollen? Warum ärgerst du Jungen (bei den Mädchen) bzw. Mädchen (bei den Jungen)? Was kannst du tun, um dem anderen z. B. „den Wind aus den Segeln zu nehmen" (dich nicht ärgern zu lassen)? Lassen Sie die Schülerinnen diese Möglichkeiten durchspielen. Anschließend fragen Sie die Mädchen, was für unangenehme Situationen sie selbst mit Jungen erlebt haben, und spielen diese nach.

Erfahrungen: Suchen Sie die Situationen aus, die für die Schülerinnen und für den sozialen Umgang in der Klasse wichtig sind. Das heißt, wenn es vor allem die Jungen sind, die die Mädchen ärgern, konzentrieren Sie sich in beiden Gruppen darauf, entsprechende Situationen durchzuspielen – auch wenn die Jungen sie vielleicht gar nicht als problematisch empfinden!

Stark sein, schwach sein *(20–30 Min.)*

Spielidee: Die Jugendlichen überlegen in geschlechtsgetrennten Gruppen, was Stärke und Schwäche für sie bedeuten.

Altersgruppe: 5. bis 8. Klasse

Die Übung wird in Mädchen- und Jungengruppen getrennt durchgeführt. Fragen Sie die Jugendlichen: Wann hast du dich mal ganz stark gefühlt? Heißt stark sein immer größer zu sein als die anderen und auf kleinere einzuhauen? Fühlst du dich nur stark, wenn du andere klein machen kannst? Woran machst du das fest, ob jemand sich stark fühlt oder nicht? Mach mir vor, wie du dastehst, wenn du dich stark fühlst.

Wechseln Sie das Thema, indem Sie sagen, daß es gar nicht möglich ist, sich immer stark zu fühlen. Jeder fühlt sich mal schwach. Wann ging es dir das letzte Mal so? Heißt schwach sein immer kleiner zu sein als die anderen und bedrängt oder herumkommandiert zu werden? Wem kannst du das erzählen, wenn du dich schwach fühlst? Wie können dir andere helfen, wenn du dich schwach fühlst? Woran merkst du, ob jemand sich schwach fühlt oder nicht? Mache mir vor, wie du dastehst, wenn du dich schwach fühlst.

Erfahrungen: Die Auseinandersetzung mit der eigenen Schwäche ist besonders für Jungen wichtig, die andere Jungen und Mädchen bedrängen.

Rollenspiele: Stärke und Schwäche *(30 Min.)*

Spielidee: Die Kinder spielen in geschlechtsgetrennten Gruppen Situationen, in denen sie sich stark und schwach fühlten.

Altersstufe: 5. bis 8. Klasse

Diese Übung schließt an die vorherige an und wird ebenfalls in Mädchen- und Jungengruppen durchgeführt.

Greifen Sie Situationen auf, die die Kinder bei der letzten Übung geschildert haben. Lassen Sie die Kinder eine Situation spielen, in der sie sich stark fühlen, ohne aber andere dabei zu unterdrücken. Dann spielen die Kinder eine Situation, in der sie sich schwach fühlen, und etwas dagegen tun können. (Überlegen Sie gemeinsam, was Kinder tun können, um mit dem Gefühl der Schwäche klarzukommen, z. B. weggehen, jemanden um Hilfe bitten.)

Für Jungen ist es besonders wichtig zu lernen, Gefühle von Schwäche zuzulassen. Machen Sie den Jungen klar, daß jeder sich manchmal schwach fühlt und daß das ganz normal ist. Es ist nicht in Ordnung, jemanden anzugreifen, um sich wieder stark zu fühlen.

Für Mädchen ist es besonders wichtig zu lernen, ihre Stärken zu spüren und diese nach außen zu zeigen: Denke an deine Stärken, wenn du dich schwach fühlst.

Konflikte gewaltfrei austragen

Die Jugendlichen erfahren, daß es viele mögliche Lösungen für ein Problem gibt. Sie üben den gewaltfreien Umgang mit Konflikten ein und erweitern damit ihr Verhaltensrepertoire in bezug auf die Konfliktaustragung.

Unsere Erfahrungen zeigten, daß Kinder und Jugendliche durchaus in der Lage sind zu beurteilen, ob eine Konfliktaustragung fair und ausgewogen ist, und ob alle Konfliktparteien dabei „gewinnen". Allerdings war bei den Rollenspielen der Übergang zwischen Streit und Konfliktlösung häufig unvermittelt. Wir mußten die Jugendlichen immer wieder auffordern, den *Prozeß der Konfliktlösung* deutlich zu machen. Sie sollten schildern bzw. vorspielen, was in ihnen vorgegangen war, daß es zu einer Lösung kommen konnte.

Ein weiterer wichtiger Punkt war die Frage der Übertragung von Lernerfahrungen. Immer wieder hatten die Jugendlichen bei Übungen und Rollenspielen auch gute Ideen, wie sie Konflikte gewaltfrei lösen konnten. Wenn sie kurz darauf in einen echten Streit verwickelt waren, schienen alle Ideen vergessen, und sie verhielten sich so wie immer. Erwarten Sie also keine kurzfristigen radikalen Veränderungen im Alltagsverhalten der Kinder und Jugendlichen in bezug auf Konflikte. Solche Lernprozesse brauchen – übrigens auch bei Erwachsenen – viel Zeit.

Konfliktpuzzle mit Eseln *(30 Min.)*

Material: eine DIN-A5-Kopie des Eselbildes (s. S. 23), ein DIN-A4-Blatt und Kleber für jeden Schüler

Vorbereitung: jede Kopie des Eselbildes in Teile zerschneiden (jede Konfliktphase ist ein Teil), durcheinandermischen und in einen Umschlag tun

Voraussetzung für diese Übung ist, daß die Klasse das Eselbild noch nicht kennt. Jede erhält einen Umschlag mit dem zerschnittenen Bild. Die Aufgabe ist, innerhalb von etwa 10 Minuten das Bild so zusammenzustellen, daß eine Geschichte erzählt wird. Anschließend stellen die einzelnen ihre Bilder vor und erzählen die Geschichten dazu.

Erfahrungen: Die Legebilder konnten ganz unterschiedliche Geschichten erzählen, auf die wir als Erwachsene nie gekommen wären.

Die zwei Esel *(20–30 Min.)*

Spielidee: Geschichte zum Eselbild (s. S. 23) schreiben

Material: Stift und Papier für jeden; für alle sichtbar: eine (vergrößerte) Kopie des Eselbildes

Voraussetzung für diese Übung ist, daß das Eselbild in der Klasse noch nicht besprochen wurde. Zeigen Sie der Klasse das Eselbild. Die Jugendlichen haben die Aufgabe, eine Geschichte dazu zu schreiben. Die Geschichte muß nicht direkt von den Eseln handeln, sondern kann z. B. auf Menschen übertragen werden. Anschließend lesen die einzelnen ihre Geschichten vor, oder sie werden aufgehängt, damit alle sie lesen können.

Variation: Die Schülerinnen schreiben zu zweit ihre Geschichte.

Was ist mit den Eseln los?

Material: eine vergrößerte Kopie des Eselbildes (s. S. 23)

Vorbereitung: die letzten zwei Sequenzen des Eselbildes abdecken

Voraussetzung ist, daß die Klasse das Eselbild noch nicht kennt. Hängen Sie das Eselbild für alle sichtbar auf (die letzten beiden Sequenzen sind abgedeckt). Fragen Sie die Klasse, was mit den Eseln los ist: Was ist ihr Problem? Wie ist es dazu gekommen? Fassen Sie die Problembeschreibung zusammen und fragen Sie, wie es mit den Eseln weitergehen kann: Welche Möglichkeiten haben sie, ihr Problem zu lösen?

Warten Sie ab, bis mehrere verschiedenartige Lösungen genannt wurden. Besprechen Sie mit der Klasse die Vor- und Nachteile der Lösungen. Dann decken Sie die letzten zwei Bilder auf und fragen: Welche Lösung haben die Esel gefunden? Wie war es möglich, daß die Esel zu dieser Lösung kommen konnten? (Zum Beispiel: Sie haben angehalten und über den Konflikt gesprochen; sie haben zusammen überlegt, was sie tun können, um das Problem zu lösen.) Was haltet ihr von dieser Lösung? Könnt ihr etwas von den Eseln lernen? Es ist wichtig, daß die Jugendlichen erkennen, was in den Eseln vorgegangen ist, damit es zu der Lösung kommen konnte.

Erfahrungen: In bezug auf das Eselbild kamen die Kinder und Jugendlichen immer wieder auf überraschende Ideen:

❏ Die Esel fressen erst einen Heuhaufen, dann den zweiten gemeinsam auf, wobei die Gefahr besteht, daß sie sich darüber streiten, wer schneller frißt;

❏ sie gehen gemeinsam hinter einen Heuhaufen und schieben diesen näher an den anderen heran, damit beide gleichzeitig vom eigenen Haufen fressen können;

- sie beißen die Schnur durch und fressen beide vom eigenen Haufen;

- sie ziehen so lange an der Leine, bis einer gewinnt;

- sie ziehen so lange an der Leine, bis sie sich verletzen und nicht mehr fressen können.

Konfliktlösungen

Spielidee: Eselbild nach Möglichkeiten der Konfliktlösung analysieren

Altersstufe: 5. bis 6. Klasse

Material: für alle sichtbar: das vergrößerte Eselbild und eine Wandzeitung mit dem angegebenen Schema, dicke Filzstifte

	Klara gewinnt	Klara verliert
Siegfried gewinnt		
Siegfried verliert		

Erzählen Sie den Kindern zur Einleitung, daß es für Konflikte häufig viele verschiedene Lösungen gibt. Anhand des Eselbildes werden einige Möglichkeiten ausgearbeitet. Für diese Übung erhalten die Esel Namen, und zwar heißen sie Klara und Siegfried. Zeigen Sie auf das Schema. Klara und Siegfried suchen eine Lösung für ihr Problem. Sie können eine Lösung finden, bei der einer gewinnt und einer verliert, bei der beide verlieren oder bei der beide gewinnen. Wie sieht die Lösung aus, bei der Klara gewinnt und Siegfried verliert, Siegfried gewinnt und Klara verliert, beide verlieren, beide gewinnen? (Schreiben Sie nach und nach die Lösungsmöglichkeiten auf die Wandzeitung.) Fragen Sie die Kinder anschließend nach eigenen Beispielen für Lösungen, bei denen einer gewinnt und einer verliert, beide verlieren oder beide gewinnen.

Variation: Sie können die Übung weiterführen, indem Sie mit den Kindern einen Alltagskonflikt aus der Klasse nach dem gleichen Schema analysieren.

Abgewandelt nach einer Idee von Kreidler, 1984, S. 57 f.

Rollenspiel: Die Esel und wir *(45 Min.)*

Spielidee: Rollenspiele mit und ohne Verlierer werden vorgeführt.

Altersstufe: 5. bis 6. Klasse

Vorbereitung: Bereiten Sie mit einer Kollegin ein Rollenspiel zu einem Alltags-konflikt der Kinder vor.

Spielen Sie gemeinsam mit Ihrer Kollegin erst den Konflikt vor, wie er normalerweise abläuft (ohne eine gute Lösung für beide). Fragen Sie die Kinder, was los war, welches Problem die zwei hatten. Im zweiten Anlauf spielen Sie den Konflikt mit einer Lösung vor, die für beide Seiten befriedigend ist. Fragen Sie die Kinder, wie es zu dieser Lösung kam: Was machten die Streitparteien, um zu der Lösung zu kommen (z. B. redeten über den Konflikt, hörten einander zu)?

In Kleingruppen bereiten dann die Kinder Rollenspiele vor. Sie spielen erst einen Konflikt vor, wie er normalerweise abläuft (z. B. einer gewinnt und einer verliert), dann eine Lösung, bei der beide gewinnen. Die Kinder müssen deutlich machen, was das Problem ist (also nicht schreien und prügeln) und wie es zu der Lösung kam. In der ganzen Gruppe wird anschließend besprochen, ob die Lösung beiden gerecht wird und realistisch war.

Variation: Statt zur Einleitung ein Rollenspiel vorzuspielen, können Sie den Kindern eine Konfliktgeschichte mit zwei „Lösungen" vorlesen und mit ihnen besprechen.

Für die Anregung zu dieser Übung bedanke ich mich bei Luise Letschert und Ulf Blanke von der UNESCO-Projektschule Realschule Dierdorf.

Konflikte in der Klasse *(20–30 Min.)*

Spielidee: Lösungen für typische Konflikte suchen

Für diese Übung wird die Klasse in Kleingruppen aufgeteilt. Sie geben eine Konfliktsituation vor, über die alle Gruppen gleichzeitig sprechen. Die erste Aufgabe ist, den Konflikt zu definieren: Was ist das Problem? Geben Sie den Gruppen dafür etwa drei Minuten Zeit. Die Gruppen tragen dann ihre Antworten vor, und diese werden kurz besprochen. Dann fordern Sie die Jugendlichen auf, eine Lösung für das Problem zu überlegen: Was können die Beteiligten tun, um ihr Problem zu lösen? Nach wiederum drei Minuten fragen Sie, welche Lösung sie gefunden haben. Jede Gruppe trägt ihre Lösung vor, und diese werden besprochen. Anschließend können Sie eine neue Konfliktsituation vorgeben.

Auswertung: Fragen Sie die Schüler, ob sie meinen, daß sie solche Lösungen im Alltag umsetzen könnten bzw. was sie daran hindert.

Erfahrungen: Es ist wichtig, darauf zu achten, daß die Jugendlichen bei den Lösungen an alle Seiten denken und fair sind.

Rollenspiele: Streit in der Schule *(10 Min. in der ersten/45 Min. in der zweiten Stunde)*

Spielidee: Alltagskonflikte in der Schule aufarbeiten

Material: eventuell Stift und Papier für jeden

Vorbereitung: Kärtchen vorbereiten

Die Jugendlichen schreiben alleine oder in Kleingruppen Konfliktsituationen auf, die sie in der Schule erlebt oder mitbekommen haben. Übertragen Sie die Konfliktsituationen auf Karteikärtchen. Verteilen Sie die Kärtchen bei der nächsten Spielstunde an Kleingruppen, die den Konflikt den anderen in der Klasse vorspielen. Nach jedem Rollenspiel besprechen Sie mit den Jugendlichen, was bei dem Konflikt los war und welche Möglichkeiten die Beteiligten hätten, um den Konflikt konstruktiv zu beenden. Die Gruppen spielen eine konstruktive Lösung vor, die auch ausgewertet wird: War die Lösung fair? War sie realistisch?

Reaktionen auf aggressives Verhalten *(20–30 Min.)*

Material: Arbeitsblatt (s. S. 148)

Besprechen Sie mit den Jugendlichen die Bedeutung des Wortes „Aggression". Was ist Aggression (z. B. jemandem absichtlich weh tun, entweder mit deinem Körper oder mit Worten)? Könnt ihr Beispiele von aggressivem Verhalten nennen? Seid ihr manchmal aggressiv? Warum willst du anderen weh tun? Wenn zwei sich streiten, werden sie manchmal aggressiv, weil sie wütend oder frustriert sind. Was passiert, wenn man aggressiv wird? Wird dann der andere auch manchmal aggressiv? Können die beiden dadurch ihr Problem lösen? Machen Sie den Jugendlichen klar, daß Aggressionen meistens Gegenaggressionen erzeugen. Das schafft neue Probleme, anstatt die alten zu lösen. Wer nicht aggressiv reagiert, kann die Aggressionsspirale unterbrechen und den Streit beenden. Danach kann man erst eine Lösung suchen. (Allerdings gibt es Situationen, in denen es richtig ist, sich zu wehren. Besprechen Sie mit der Klasse, welche das sein könnten.)

Die Schülerinnen füllen das Arbeitsblatt alleine aus.

Arbeitsblatt

1. Ali hat gerade etwas von dir weggenommen. Was könntest du tun?
Was würde dann passieren?

2. Susanne hat dich auf dem Flur doll geschubst. Was könntest du
tun? Was würde dann passieren?

3. Sebastian hat gerade gefragt, ob er deine Hausaufgaben abschreiben kann. Was könntest du tun? Was würde dann passieren?

4. Johanna verbreitet Lügen über dich. Was könntest du tun? Was würde dann passieren?

5. Juliane sagt dir beleidigende Ausdrücke. Was könntest du tun? Was würde dann passieren?

6. Du bist ein Mädchen. Zwei Jungen von der Nachbarklasse machen dich dauernd im Flur und auf dem Pausenhof an. Was könntest du tun? Was wären die Folgen?

Anschließend lesen die einzelnen ihre Antworten vor. Fragen Sie, ob die einzelnen Reaktionen aggressiv sind oder nicht. Wer profitiert von dieser Reaktion? Fragen Sie die Jugendlichen, die aggressive Antworten geben, warum sie so reagieren und ob sie sich vorstellen können, nicht aggressiv zu reagieren.

Variation: Die Übung weiterführen, indem die Jugendlichen in Rollenspielen aggressive und nicht aggressive Verhaltensweisen ausprobieren.

Erfahrungen: Die Antworten der Mädchen waren meist konstruktiver als die der Jungen. Zum Beispiel schrieben Mädchen: Wenn Ali mir etwas wegnimmt, sage ich ihm, er soll das nächste Mal fragen. Dagegen schrieben Jungen: Wenn Ali mir etwas wegnimmt, bin ich ihm böse und nehme ihm etwas weg. Ich denke, manchen Mädchen würde es gut tun, ihre Aggressionen auszuleben und dadurch ihre Grenzen klar abzustecken. Andererseits müssen vor allem Jungen lernen, daß sie nicht das Recht haben, anderen weh zu tun.

Abgewandelt nach: Kreidler, 1984, S. 123 ff.

Konfliktgeschichten *(20 Min.)*

Spielidee: Jugendliche erzählen Konfliktgeschichten zu Ende

Lesen Sie eine der unten angegebenen oder eine selbst erlebte oder ausgedachte offene Konfliktgeschichte vor. Fragen Sie die Schüler, was in der Geschichte los ist und wie sie weitergeht.

Angela trifft auf dem Weg nach Hause im Park auf zwei große Mädchen, die 5 DM von ihr verlangen. Angela hat das Geld dabei, will es aber nicht hergeben. Andererseits hat sie Angst vor den großen Mädchen.

Was ist das Problem? Was kann Angela tun? Warum verlangen die großen Mädchen von ihr Geld? Was soll mit den großen Mädchen passieren? Ist euch schon mal so etwas passiert?

Philipp und Adnan sind befreundet und haben sich am Wochenende im Park zum Fußballspielen verabredet. Eine Gruppe von größeren Jugendlichen kommt und verprügelt Adnan.

Wie geht es Adnan? Was kann er tun? Wie geht es Philipp? Was kann er tun, um Adnan zu helfen?

Abgewandelt nach: Kreidler, 1984, S. 75 f.

Konfliktcomics *(20–30 Min.)*

Spielidee: Konfliktsituationen in Comics zu Ende erzählen

Material: Comicvorlage und Stifte für jeden Jugendlichen; die Comicvorlage besteht aus einem DIN-A4-Blatt quer, in sechs Felder unterteilt

Geben Sie der Klasse zwei oder drei Konfliktsituationen vor und verteilen Sie die Comicvorlagen. Jeder entscheidet sich für einen Konflikt und zeichnet dazu einen Comic mit Strichmännchen und Sprechblasen. Am Anfang des Comics sollen sich die Jugendlichen streiten, und zum Schluß gibt es eine Lösung. Die Lösung soll fair sein. Das Wichtigste ist nicht, wie das Bild aussieht, sondern wie die Streitenden zu ihrer Lösung kommen. Wenn die einzelnen mit ihren Comics fertig sind, zeigen sie diese im Kreis vor. Die Comics werden anschließend an die Wand gehängt.

Abgewandelt nach einer Idee von Prutzman u. a., 1988, S. 65

Streit-Formular *(10 Min. für die Erklärung, etwa 10 Min. bei jedem Einsatz)*

Spielidee: Aufarbeitung eines aktuellen Konflikts

Altersstufe: 5. bis 6. Klasse

Material: Kopien eines Streit-Formulars (s. S. 150)

Vorbereitung: Überlegen Sie sich genau, wie Sie die Streit-Formulare einsetzen wollen. Sollen die Kinder nach jedem Streit, nur nach gewalttätigen Streitigkeiten oder nur nach Aufforderung ein Streit-Formular ausfüllen? Überlegen Sie, wie Sie die Streit-Formulare mit den Kindern auswerten wollen.

Streit-Formular

Name: _____

Mit wem hast Du Dich gestritten? _____

Was war das Problem? _____

Wie hat der Streit angefangen?

_____

_____

_____

_____

Habt Ihr durch den Streit das Problem gelöst?

_____

_____

_____

Nenne drei Lösungswege, die Du probieren könntest, wenn es nochmal passiert.

1. _____

2. _____

3. _____

Was möchtest Du dem anderen Kind noch sagen?

_____

_____

_____

_____

Erklären Sie den Kindern das Streit-Formular und füllen Sie gemeinsam mit der Klasse eines aus. Geben Sie bekannt, wo sich die Streit-Formulare befinden und was mit den ausgefüllten Formularen zu tun ist.

Es gibt mehrere Möglichkeiten, die Streit-Formulare einzusetzen. Wenn Sie die Regel eingeführt haben, daß die Kinder sich in der Klasse nicht streiten dürfen, können Sie sie nach jedem (gewalttätigen) Streit das Formular ausfüllen lassen. Dabei können Sie betonen, daß man Probleme durch Streit meistens nicht lösen kann. Besprechen Sie mit beiden Kindern ihre vorgeschlagenen konstruktiven Lösungen: Kommt ihr so besser zu einer Lösung als durch Streit? Sie können auch die Kinder gegenseitig die ausgefüllten Streit-Formulare lesen und kommentieren lassen.

Auswertung: Fragen Sie die Kinder nach der Besprechung der Streit-Formulare, was sie durch diese Übung gelernt haben.

Variationen: eventuell die Fragen auf dem Streit-Formular ändern

Erfahrungen: Es stellte sich heraus, daß die Aufarbeitung der Streit-Formulare sehr wichtig ist. Es hat keinen Zweck, die Kinder Formulare ausfüllen zu lassen, die unbesprochen in einer Mappe verschwinden. Die Kinder einer Klasse waren entsetzt über die Aufforderung, ein Streit-Formular auszufüllen. In den Worten von Andrea: „Soll ich jedes Mal, wenn ich Nicola geärgert habe, so ein Ding ausfüllen? Ich denke gar nicht dran, daß ich mich streite." Die Unlust auf das Ausfüllen der Formulare führte in dieser Klasse dazu, daß die Kinder sich weniger stritten!

Abgewandelt nach: Kreidler, 1984, S. 24 ff.

Vier Fragen zur Konfliktlösung *(30–60 Min.)*

Spielidee: Aufarbeitung eines aktuellen Konfliktes

Material: Wandzeitungen und dicke Stifte

Vorbereitung: Entscheiden Sie, wer bei der Konfliktbearbeitung dabei sein soll, z. B. nur die Streitenden, die Streitenden jeweils mit einer Freundin oder einem Freund, die ganze Klasse.

Der Konflikt wird anhand folgender Fragen aufgearbeitet: Was ist passiert, was ist das Problem? Wie geht es den Beteiligten? Was wollen sie? Was können sie tun?

Schreiben Sie alle Antworten der Jugendlichen auf eine Wandzeitung. Geben Sie ausreichend Zeit für die Beantwortung der einzelnen Fragen. Das Problem soll in neutralen Worten definiert werden – keiner darf sich angegriffen fühlen. Wenn Sie mit einer kleinen Gruppe arbeiten, stellen Sie direkte Fragen, etwa:

Wie geht es dir bei dem Problem? Was könntest du tun, um zu einer Lösung zu kommen?

Die Jugendlichen sollen das Problem erkennen, ihre Gefühle gegenseitig akzeptieren und eine Lösung finden, mit der alle Beteiligten zufrieden sein können, bei der alle „gewinnen". Wenn das Problem schon länger besteht, fragen Sie die einzelnen, was sie bisher versucht haben, es zu lösen. Warum waren diese Lösungsversuche nicht erfolgreich, woran sind sie gescheitert? Entscheidend zum Abschluß des Gesprächs ist, daß die Konfliktpartner sich auf eine konkrete Lösung einigen, die sie ausprobieren wollen.

Variationen: Es können auch gespielte Konflikte auf diese Weise ausgearbeitet werden. Eine weitere Möglichkeit ist, den Konflikt nur mit einer Konfliktpartei entlang der angegebenen Fragen nachzubesprechen. Das ist vor allem sinnvoll, wenn die andere Konfliktpartei – häufig der Angreifer – sich weigert, an der Konfliktlösung mitzuarbeiten. Durch das Gespräch fühlt sich das Opfer ernst genommen und nicht allein gelassen. Außerdem kann es mit Ihrer Unterstützung überlegen, wie es durch eigene Verhaltensänderungen die Konfliktdynamik ändern und die Opferrolle verlassen kann.

Abgewandelt nach einer Idee der Kingston Friends Workshop Group, 1991, S. 16

Streitregeln *(insgesamt 45 Min.)*

Material: Wandzeitungen und dicke Stifte

Sagen Sie den Jugendlichen, daß Sie sich mit ihnen über Streitregeln für den Umgang miteinander in der Klasse einigen wollen. Sammeln Sie im Brainstormingverfahren Antworten auf die Frage: Welche Streitregeln könnten wir aufstellen? Gehen Sie mit der Klasse die Liste durch und werten Sie die Vorschläge nach folgenden Gesichtspunkten aus: Ist die Regel verständlich? Ist sie fair? Ist sie realistisch, können wir uns daran halten?

Wenn Sie sich mit der Klasse über einige spezifische Regeln geeinigt haben (Sie haben ein Vetorecht), können Sie gemeinsam überlegen, was im Einzelfall mit denjenigen passieren soll, die sich nicht an die Regeln halten. An dieser Stelle können Sie sich von den Jugendlichen Anregungen holen, letztlich entscheiden Sie natürlich selbst darüber. Die Schüler sollten allerdings informiert sein, welche Konsequenzen ihr regelwidriges Verhalten haben kann.

Die Regeln werden abgeschrieben und für alle verständlich und verbindlich im Klassenraum aufgehängt. Sie und die Schülerinnen können immer wieder darauf Bezug nehmen.

Die Regeln können von Zeit zu Zeit geändert werden. Solche, die sich als unpraktikabel oder unnötig erwiesen haben, werden gestrichen, neue kommen dazu. Alle Änderungen sollen mit der Klasse besprochen werden.

Spontane Rollenspiele *(etwa 20 Min.)*

Ein aktueller Konflikt kann in Form einer Besprechung und/oder in Form eines Rollenspiels aufgearbeitet werden. Legen Sie zu Beginn fest, ob die ganze Klasse oder nur eine Gruppe teilnehmen soll. Fordern Sie die Beteiligten und eventuelle Zeuginnen auf, den Konflikt aus ihrer Sicht zu schildern. Ermitteln Sie, welche Rollen gespielt werden sollen. Wer will wen spielen? (Es kann sinnvoll sein, die am Konflikt Beteiligten sich selbst oder den Konfliktpartner spielen zu lassen. Eine weitere Möglichkeit ist, die Beteiligten zuschauen zu lassen, während andere sie spielen. Jeder Jugendliche soll selbst entscheiden, welche Rolle er spielt.) Wissen alle, wie sie ihre Rolle spielen sollen, oder brauchen sie Zusatzinformationen?

Stecken Sie den Rahmen für das Rollenspiel fest und brechen Sie an dem Punkt ab, an dem der Konflikt für alle deutlich wird. Fragen Sie als erstes die beteiligten Schülerinnen, wie es ihnen bei dem Rollenspiel ging. Welche Gefühle hattet ihr? Was ist euch durch den Kopf gegangen? Dann fragen Sie die Zuschauerinnen nach ihren Eindrücken. Wenn das Rollenspiel unrealistisch war, kann es (eventuell mit neuer Rollenbesetzung) wiederholt und erneut ausgewertet werden.

Der nächste Schritt ist, konstruktive Lösungen zu erarbeiten. Fragen Sie die Jugendlichen, was die Konfliktpartner tun könnten, um die Situation zu wenden (bitte nur realistische Vorschläge!). Fragen Sie diejenigen, die spielen werden, welche Lösungen sie ausprobieren möchten. Stecken Sie wieder den Rahmen für das Rollenspiel ab, so daß die Beteiligten wissen, an welchem Punkt es losgeht (z. B. am Anfang des Konflikts, oder an dem Punkt, an dem vorhin abgebrochen wurde). Fragen Sie auch dieses Mal anschließend nach den Gefühlen, Gedanken und Eindrücken der Spielenden und Beobachtenden.

In Konflikte eingreifen *(30 Min.)*

Beim *ersten Teil der Übung* geht es um eine Aufarbeitung der Erfahrungen der Jugendlichen. Schildern Sie einige Beispiele von Konflikten in der Schule, in die Sie eingreifen mußten. Erzählen Sie, wie Sie eingriffen und wie die Streitenden darauf reagierten. Fragen Sie die Klasse, wer an solchen Konflikten schon mal beteiligt war oder sie z. B. auf dem Pausenhof mitbekommen hat.

Wenn ihr in einer solchen Situation seid, wünscht ihr euch, daß eine Lehrerin oder ein anderer Schüler eingreift? Welche Erfahrungen habt ihr damit gemacht? Ab welchem Punkt braucht ihr Hilfe? Wie teilt ihr das mir, der Aufsichtslehrerin oder einem anderen Schüler mit? Habt ihr schon erlebt, daß euch niemand geholfen hat, obwohl ihr um Hilfe gebeten habt? Wie war das für euch?

Beim *zweiten Teil der Übung* geht es um die Frage, wie Lehrerinnen und eventuell andere Jugendliche effektiv in laufende Streitereien eingreifen können. Fragen Sie die Schülerinnen, was sie sich wünschen, wenn sie in Streitereien verwickelt sind: Wie soll die Lehrerin eingreifen? Was können Unbeteiligte tun? Was wünscht ihr euch in solchen Situationen? Selbstverständlich soll es in der Diskussion darum gehen, wie ein Streit zu entschärfen ist. Alle Vorschläge, die zu einer Verschärfung des Konflikts führen würden (z. B. Konfliktbeteiligte holen Unterstützung, um sich besser durchzusetzen), werden verworfen.

5. Verhalten in (potentiell) gewalttätigen Situationen

Jugendliche werden weitaus häufiger als Erwachsene Opfer oder Zeugen von Gewalttaten, besonders in Großstädten. Obwohl diese Vorkommnisse – soweit sie sich außerhalb der Schule ereignen – formell nicht im Zuständigkeitsbereich der Schule liegen, haben viele Lehrerinnen den Wunsch, ihre Schüler auf solche Situationen vorzubereiten bzw. Gewalterlebnisse mit den Jugendlichen konstruktiv aufzuarbeiten. In diesem Kapitel möchte ich einige Informationen vermitteln, die Ihnen dabei behilflich sein sollen, nach folgenden Schwerpunkten geordnet:

❑ Welche Dynamik hat die Gewaltsituation?

❑ Wie kann ich die Täter-Opfer-Dynamik verändern?

❑ Wie verhalte ich mich am besten in einer Gewaltsituation?

Dabei greife ich auf die Literatur zum gewaltfreien Umgang mit Gewaltsituationen zurück.

5.1 Welche Dynamik hat die Gewaltsituation?

Wenn Gewalt angedroht oder angewendet wird, ist der Täter eindeutig im Vorteil. Er wählt den Ort, die Situation, den Zeitpunkt des Überfalls; er hat sich sein Opfer ausgesucht, sich vorbereitet, sich womöglich bewaffnet. Er fühlt sich überlegen, weiß, *was* er will und *wie* er es durchsetzen will. Andererseits ist der Täter so festgelegt auf seinen Plan, daß er verunsichert werden kann, wenn der Plan durcheinander gerät. Außerdem haben Täter häufig Angst. Das Opfer wird überrascht, ist in der Regel nicht vorbereitet, weiß nicht, wie es reagieren soll. Es hat Angst, fühlt sich unsicher, machtlos, ausgeliefert, ist vielleicht aber auch wütend. Die Umstehenden bzw. potentiellen Zeugen fühlen sich meist auch hilflos und haben Angst einzugreifen, weil sie selber verletzt werden könnten. Manche Zeugen schämen sich über ihren fehlenden Mut (Horstink 1992, S. 27).

Ein Opfer hat verschiedene Möglichkeiten, auf eine Gewaltbedrohung oder -anwendung zu reagieren. Es kann z. B.

❏ flüchten,

❏ aus Angst gar nichts tun,

❏ nachgeben (also das tun, was der Täter verlangt),

❏ sich aggressiv wehren (verbal durch Beschimpfungen oder körperlich durch Schläge oder Waffeneinsatz),

❏ sich gewaltfrei wehren.

Das Wichtigste in einer Bedrohungs- oder Gewaltsituation ist es, Gewalt zu vermeiden und zu verhindern. Flüchten kann deshalb eine konstruktive Reaktion sein. Erfahrungen haben gezeigt, daß Gegengewalt in der Regel noch mehr Gewalt erzeugt. Es hat keinen Zweck, sich körperlich zur Wehr zu setzen, wenn man nicht eindeutig in der stärkeren Position ist (was selten der Fall ist). Auch Waffen jeglicher Art, zur Verteidigung bestimmt, können eine Gefahr darstellen. Angreifer werden meist noch gewalttätiger, wenn sie sich bedroht fühlen. Außerdem können die Täter die Waffen entwenden und gegen das Opfer anwenden.

Die Berliner Polizei rät davon ab, Gegengewalt anzuwenden und Waffen bei sich zu tragen. Sie empfiehlt die Anwendung von akustischen Signalgeräten wie Triller- oder Druckluftpfeifen, um einen potentiellen Angreifer zu erschrecken (Kriminalpolizeiliche Beratungsstelle Berlin 1993, S. 53).

Indem man sich gewaltfrei wehrt, versucht man, in der Situation selbst die Initiative zu ergreifen und sie für sich zu nutzen. In seinem Artikel „Ohne Gewalt gegen Gewaltkriminalität" beschreibt Han Horstink die Beziehung zwischen Täter und Opfer. Hier setzt der gewaltfreie Ansatz an:

„Wenn während eines Verbrechens Täter und Opfer aufeinandertreffen, entsteht zwischen ihnen eine kommunikative Beziehung: beispielsweise durch Worte oder körperlichen Kontakt, aber auch durch Haltungen, Gesichtsausdruck, Gesten, ja selbst durch Schweigen. Menschen, die miteinander kommunizieren, beeinflussen sich aber auch wechselseitig. Sie reagieren aufeinander. Dadurch kann die Situation eskalieren; sie kann sich aber auch entspannen.

Ein Täter versucht einem anderen Menschen die Rolle des Opfers aufzuzwingen. Das Opfer kann sich in zweifacher Weise verhalten: Es kann die Rolle als Opfer akzeptieren oder diese Rolle zurückweisen. Wenn ein Mensch die Rolle, ein Opfer zu sein, hinnimmt, so kann er sich der Macht des Täters unterwerfen, oder er kann sich dieser Macht widersetzen. Dabei kann Widerstand sowohl gewaltsam als auch gewaltlos sein."

Wenn das Opfer die ihm zugewiesene Rolle nicht akzeptiert, versucht es „die herkömmliche Täter/Opfer-Beziehung zu durchbrechen, indem es sich dagegen wehrt, sich gemäß der ihm zugedachten Rolle zu verhalten. Dabei unternimmt das Opfer zugleich den Versuch, durch das eigene Verhalten dem Täter nahezulegen, seine Täterrolle aufzugeben." (Horstink 1992, S. 27 f.)

5.2 Wie kann ich die Täter-Opfer-Dynamik verändern?

Han Horstink zeigt verschiedene Möglichkeiten auf, die Dynamik des Täter-Opfer-Verhältnisses zu unterbrechen und bedrohliche Situationen zu entschärfen.

Die Situation neu interpretieren: Das Opfer schlägt dem Täter durch das, was er sagt und tut, vor, die Situation neu zu interpretieren. Die Neuinterpretation stellt eine geringere oder keine Bedrohung mehr für das Opfer dar. Diese Methode ist allerdings von der Zustimmung des Täters abhängig. Ein Beispiel:

„Ein Mädchen lief von der Schule nach Hause mit einem großen Stapel Bücher in ihren Händen. Während es auf dem Waldweg lief, hörte es, daß jemand schnell hinter ihm herkam. Als der Mann schließlich neben ihm war, drückte es ihm die Bücher mit der Bemerkung in die Hände: ‚Schön, daß ich jemand gefunden habe, der mir helfen kann, meine Bücher zu tragen, und mich hier im Wald beschützen kann.‘ Es lief mit ihm, während es allerlei über ihre Schule erzählte. Als sie bei ihr zu Hause angekommen waren, bedankte es sich bei dem Mann für die Hilfe, worauf er antwortete: ‚Ich fand es auch schön, aber wenn du wüßtest, was ich eigentlich vorhatte.‘" (Horstink 1992, S. 28) In diesem Beispiel hat das Mädchen gehandelt, bevor sie bedroht wurde. Sie drängte den Mann in eine neue Rolle, die er nicht ablehnen konnte, weil er so überrascht war.

In dem folgenden Beispiel deutet das Opfer die Rolle des Angreifers so um, daß dieser verunsichert wird:

„Ein Mann, der seine Lebensweise verändert hatte, um Menschen höher als Besitz zu würdigen, begegnete einem bewaffneten Räuber, als er aus dem Busbahnhof kam. Den Revolver und das Gemurmel ignorierend, machte er auf besorgt: ‚Es ist kalt. Warum nimmst du nicht meine Jacke?‘ Und als der bewaffnete Mann unbeholfen reagierte, sagte der andere wie selbstverständlich: ‚Ich wollte gerade etwas essen gehen, kommst du mit?‘ Er bot dem Angreifer sogar Geld an, aber in dieser Phase ihrer Beziehung lehnte dieser das ab." (Horstink 1992, S. 29)

Den Angreifer verwirren: Das Opfer sagt oder tut etwas, was absolut nicht zu der Situation paßt, um den Angreifer zu verwirren. Das Opfer kann singen, beten oder Verse aufsagen. Ein Beispiel:

„Als eine westdeutsche Krankenschwester einen Festsaal in dem Dörfchen Assendorf verließ, versuchte ein Vergewaltiger sie auf der Straße anzugreifen. Das erste, was der Krankenschwester einfiel, waren Gebete, und diese begann sie so laut wie möglich mitten auf der Straße zu beten. Der jugendliche Vergewaltiger hatte solch eine Selbstverteidigung nicht erwartet und ließ sie gehen, aber kurze Zeit später versuchte er es noch einmal mit zwei Saufkumpanen. Erneut fing das Mädchen an, so laut zu beten, daß jeder in der Straße das Geschehen bemerken mußte – auch die Polizei, die die drei festnahm, noch bevor ein Unglück geschehen war." (Horstink 1992, S. 31)

Das zweite Beispiel zeigt, daß auch eine Zeugin den Angreifer verwirren kann, um einem potentiellen Opfer zu Hilfe zu kommen.

„Eine junge Frau fuhr mit dem Fahrrad auf der Straße. Ein Auto kam angefahren, in dem drei Männer saßen, die aus dem Wagen sprangen, um sie zu ergreifen und festzuhalten. Was sie sonst wollten, blieb undeutlich, denn im selben Augenblick kam eine Frau vorbei, die tat, als ob sie die Frau kenne, und rief: ‚Hallo Marian, wie lange habe ich dich schon nicht mehr gesehen.› Sie eilte auf ‚Marian› zu, umarmte sie und führte sie am Arm mit (‚Komm mit, wir gehen irgendwo hin.›). Die drei Männer blieben verdattert zurück." (Horstink 1992, S. 31)

Mit dem Angreifer sprechen (verbalen Widerstand leisten): Es ist sinnvoll, mit dem Täter in einen Dialog zu treten. Sprechen kann manchmal den Täter von seinem Vorhaben abbringen. Es zeigt dem Täter, daß das Opfer auch ein Mensch ist. Hier ein Beispiel:

„Es kamen zwei Männer, die seinen Freund grob anhielten:

Freund: ‚Guten Abend. Kann ich etwas für euch tun?‘

Die anderen: ‚Wir wollen dein Geld.‘

Freund: ‚Habt ihr Schwierigkeiten?‘

Die anderen: ‚Ja, wir brauchen Geld.‘

Freund: ‚Wieviel braucht ihr?‘

Mit dieser Reaktion hatten seine Angreifer nicht gerechnet, und dies hatte zur Folge, daß sie nach einigem Zögern sagten, daß sie 25 Cent brauchten, und verschwanden." (Horstink 1992, S. 39)

Das zweite Beispiel zeigt, daß Sprechen dem Opfer helfen kann, eine Situation durchzustehen – auch wenn das Verbrechen nicht mehr verhindert werden kann.

„All' seine Drohungen waren so reell, alle Warnungen, daß er mir was antun würde, falls ich schreien sollte, so daß ich tatsächlich dachte, daß es nur eine

Methode gab, mich daraus zu befreien, und die war: die Situation entspannen. Darum habe ich mit ihm einfach nur geredet und geredet. Das funktionierte gut, es hielt mich aufrecht, sonst wäre ich vor lauter Angst total verrückt geworden. Ich wollte meinen Kopf beschäftigen, ich wollte nachdenken." (Horstink 1992, S. 36)

In ihrem Artikel „Vergewaltigungen vermeiden und entgegentreten. Ein gewaltfreier Ansatz" nennt Mary Crane vier Situationen, in denen es angebracht ist, mit dem Täter in einen Dialog zu treten. Es sind Situationen,

❑ in denen man den Täter kennt bzw. zu ihm in einer Beziehung steht;

❑ aus denen man nicht fliehen kann;

❑ in denen Waffen eine Rolle spielen;

❑ in denen der Täter durch sein Verhalten den Eindruck vermittelt, daß ein Gespräch eine positive Veränderung der Situation bewirken könnte. (Crane 1992, S. 35)

Dem Täter vertrauen: Durch Worte, aber vor allem durch Taten kann ein Opfer versuchen, das Vertrauen des Täters zu gewinnen und so die Situation zu verändern. Ein solches Verhalten muß aber auf tiefer Überzeugung beruhen. Horstink (1992, S. 40 f.) schildert als Beispiel eine Situation, in der zwei Frauen auf einer dunklen, leeren Straße von einem Mann überfallen werden, der Geld verlangt. „Der Mann hält ihnen das Messer an die Kehle und bedroht sie fortwährend. Da die Frauen kein Geld bei sich haben, überlegen sie, wie der Mann sonst an Geld kommen kann. Eine Frau schlägt vor, daß sie zu ihrer Wohnung geht und dort Geld holt, während er mit ihrer Freundin auf der Straße bleibt. Der Angreifer hat aber Angst, daß die Frau die Polizei ruft, und lehnt diesen Vorschlag trotz Zuredens beider Frauen ab. Dann schlagen die Frauen dem Mann vor, in die Wohnung mitzukommen, um das Geld zu holen. Wieder ist er mißtrauisch. Er fürchtet, daß jemand in der Wohnung sein könnte. Nach weiterem Zureden, daß niemand in der Wohnung und das Ganze kein Trick sei und daß er ihnen vertrauen könne, läßt der Mann sich darauf ein. Zusammen laufen alle drei zur Wohnung. Dort an der Tür angekommen, nimmt eine Frau den Platz unter dem Messer ein, während ihre Freundin das Geld holt. Diese kommt mit einem Zehn-Dollar-Schein zurück. Der Angreifer fragt:

‚Ist das alles, was du hast?‘

‚Ja, das ist alles, das ist wirklich alles.‘

‚Aber ich brauche nur fünf Dollar. Ich kann nicht herausgeben.‘"

Von der Bedrohung zur Entschuldigung: Die Rolle des Angreifers ging verloren, als die jungen Frauen die Rolle der ängstlichen Opfer ablehnten.

‚Nimm es. Nimm es. Es ist gut so.‘

‚Aber ich brauche nur fünf Dollar …‘

Seine Hände zittern, seine Stimme bebt.

‚Es ist schon gut. Nimm es. Nimm es.‘

Er schaut den Schein an und dann wieder die Augen der jungen Frau.

‚Auf Wiedersehen‘, sagt sie. ‚Guten Tag‘.

Und er schlingert die Treppe hinunter und in die Nacht hinein. Die jungen Frauen plumpsen auf das Sofa, jetzt voller Angst, da sie nicht mehr unter Spannung stehen." (Horstink 1992, S. 41)

Schreien und Rufen: Schreien kann Verschiedenes ausdrücken bzw. bewirken. Man kann z. B. aus Angst schreien oder aus Wut den Täter anschreien. Eine weitere Möglichkeit ist, durch Schreien Aufmerksamkeit auf sich zu ziehen. Wenn man damit um Hilfe rufen will, ist es wichtig, daß man sich unmißverständlich ausdrückt. Eine allgemeine Aussage wie „Geh weg! Laß mich in Ruhe!" könnte von Außenstehenden als Familienkrach interpretiert werden, in den man lieber nicht eingreift. Ein klares „Hilfe! Rufen Sie die Polizei! Überfall!" dagegen gibt einer Außenstehenden konkrete Handlungshinweise.

Demonstrative symbolische Handlungen: Solche Handlungen sind fast immer mit Sprechen bzw. verbalem Widerstand verbunden. Sie signalisieren dem Täter, daß das Opfer sich weigert, seinen Anweisungen zu folgen. Ein Beispiel hierfür ist das Mädchen, das ihre Schulbücher dem Mann in die Hand drückte, der sie eigentlich überfallen wollte.

Es gibt keine „richtigen" oder „falschen" gewaltfreien Antworten auf Bedrohungssituationen. Vielmehr muß die Reaktion von der jeweiligen Situation abhängig gemacht werden. Alle hier geschilderten Möglichkeiten können selbstverständlich von Außenstehenden angewendet werden. Es ist entscheidend, daß man als potentielles Opfer oder Zeugin sehr schnell reagiert, um eine Eskalation der Gewalt zu unterbrechen. Es gilt, die vordergründige Angst, Scheu und eventuell Scham zügig zu überwinden und sofort zu handeln.

Die Wahl der Widerstandsform hängt unter anderem von der Motivation des Angreifers ab: Will er vor allem die Person provozieren, angreifen oder mißhandeln, oder will er Eigentum beschädigen oder stehlen? Wenn er die Person einschüchtern will, ist es besonders wichtig, sich der Opferrolle zu verweigern.

Besonders heikel ist es, wenn man von einer Gruppe angegriffen wird. Zum einen hat man weniger Möglichkeiten, zu flüchten oder sich zu wehren, zum anderen ist es schwieriger, zu einer Gruppe Kontakt herzustellen als zu einer Einzelperson. Jede Gruppe hat eine eigene Dynamik, und die Gewalt kann sich innerhalb einer Gruppe sehr schnell hochschaukeln. Auch haben Außenstehende mehr Hemmungen einzugreifen, wenn mehrere Täter vorhanden sind. Der Berliner Streetworker Thomas Mücke (1992) empfiehlt, notfalls den Forderungen der jugendlichen Angreifer nachzukommen (z. B. Kleidungsstücke oder Geld abzugeben), um eine weitere Gewalteskalation zu vermeiden. Die oben beschriebenen gewaltfreien Reaktionsmöglichkeiten können auch in dieser Situation angewendet werden.

Eine schwierige Entscheidung ist, ob ein Opfer gegen den oder die Täter Anzeige bei der Polizei erstatten soll. Viele jugendliche Opfer und sogar ihre Eltern scheuen sich vor diesem Schritt, da sie Angst vor weiteren Übergriffen haben – besonders, wenn sie die Täter kennen. Die Täter können aber nur durch eine Anzeige zur Rechenschaft gezogen und davon abgehalten werden, weitere Überfälle zu gestalten. Im Rahmen der vorgerichtlichen Auseinandersetzung ist es möglich, mittels eines Täter-Opfer-Ausgleichs eine Aussöhnung anzustreben bzw. sich auf einen angemessenen Ausgleich zu einigen.

Thomas Mücke berichtet, daß viele Jugendliche weder mit ihren Eltern noch mit ihren Lehrerinnen über ihre Gewalterfahrungen sprechen. Zum einen haben sie Angst, von den Erwachsenen nicht ernst genommen zu werden. Zum anderen wollen sie nicht, daß ihre Eltern sich so viele Sorgen machen, daß sie in ihrer Freizügigkeit eingeschränkt werden. (Mücke 1992, S. 48)

Durch die Auseinandersetzung mit dem Thema „Gewalt" können Lehrerinnen ihren Schülern signalisieren, daß sie für Diskussionen und Erfahrungen offen sind. Dabei geht es nicht darum, Jugendlichen Vorschriften zu machen, sondern darum, mit ihnen gemeinsam konstruktive Verhaltensweisen einzuüben. Durch intensive vorbereitende Übungen und Rollenspiele (s. Kapitel 4) können Jugendliche ihre Wahrnehmung schärfen und sich mit Aggressionen auseinandersetzen. So können potentielle Opfer üben, die Gewaltspirale zu unterbrechen, indem sie nicht selber zur Gewalteskalation beitragen. Ein weiterer wichtiger Punkt ist, gemeinsam mit den Jugendlichen die bedrohlichen oder gewalttätigen Situationen, die sie – auch außerhalb der Schule – erlebt haben, aufzuarbeiten.

5.3 Wie verhalte ich mich am besten in einer Gewaltsituation?

An dieser Stelle zitiere ich aus einem Artikel von Günther Gugel konkrete Hinweise für den Umgang mit Bedrohungs- bzw. Gewaltsituationen. Diese Hinweise können Sie mit Ihrer Klasse besprechen und zunächst anhand von fiktiven, dann anhand von konkreten Situationen in Rollenspielen ausprobieren.

„Verhalten in Bedrohungssituationen

Vorbereiten: Bereite dich auf mögliche Bedrohungssituationen seelisch vor: Spiele Situationen für dich allein und im Gespräch mit anderen durch.

Ruhig bleiben: Hektik und Panik vermeiden und möglichst keine hastigen Bewegungen machen, die reflexartige Reaktionen herausfordern könnten.

Aktiv werden: Wichtig ist, sich von der Angst nicht lähmen zu lassen. Eine Kleinigkeit zu tun ist besser, als über große Heldentaten nachzudenken.

Gehe aus der dir zugewiesenen Opferrolle! Wenn du angegriffen wirst, flehe nicht und verhalte dich nicht unterwürfig. Sei dir über deine Prioritäten im klaren und zeige deutlich, was du willst. Ergreife die Initiative, um die Situation in deinem Sinne zu prägen.

Halte den Kontakt zum Gegner/Angreifer! Stelle Blickkontakt her und versuche, Kommunikation auszubauen bzw. aufrechtzuerhalten.

Reden und Zuhören! Teile das Offensichtliche mit, sprich ruhig, laut und deutlich. Höre zu, was dein Gegner bzw. der Angreifer sagt.

Nicht drohen oder beleidigen! Mache keine geringschätzigen Äußerungen über den Angreifer. Versuche nicht, ihn einzuschüchtern, ihm zu drohen oder Angst zu machen. Kritisiere sein Verhalten, aber werte ihn nicht persönlich ab.

Hole dir Hilfe! Sprich nicht eine anonyme Masse an, sondern einzelne Personen. Dies gilt sowohl für Opfer als auch für Zuschauerinnen und Zuschauer, die eingreifen wollen.

Tue das Unerwartete! Falle aus der Rolle, sei kreativ und nutze den Überraschungseffekt zu deinem Vorteil aus.

Vermeide möglichst Körperkontakt! Wenn du jemandem zu Hilfe kommst, vermeide es möglichst, den Angreifer anzufassen, es sei denn, ihr seid zahlenmäßig in der Überzahl, so daß ihr jemanden beruhigend festhalten könnt. Körperkontakt ist in der Regel eine Grenzüberschreitung, die zu weiterer Aggression führt. Wenn möglich, nimm lieber direkten Kontakt zum Opfer auf." (Gugel 1994, S. 15; siehe auch Blum/Knittel 1994)

Anhang

Literatur

ANTONS, KLAUS: Praxis der Gruppendynamik. Göttingen 1973

BARZ, MONIKA: Körperliche Gewalt gegen Mädchen. In: Enders-Dragässer, Uta/Fuchs, Claudia: Frauensache Schule. Frankfurt/M. 1990, S. 92–119

BECK, DETLEF/MÜLLER, BARBARA/PAINKE, UWE: Gewaltfreie Nachbarschaftshilfe. Eine kreative, gemeinschaftliche Antwort auf Rassismus und Gewalt, Tübingen 1994

BESEMER, CHRISTOPH: Mediation. Vermittlung in Konflikten. Königsfeld 1993

BLUM, HEIKE/KNITTEL, GUDRUN: Training zum gewaltfreien Eingreifen gegen Rassismus und rechtsextreme Gewalt. Köln 1994

BRAUN, GISELA: Ich sag' Nein. Arbeitsmaterialien gegen den sexuellen Mißbrauch an Mädchen und Jungen. Mühlheim a. d. Ruhr 1989

BRÜNDEL, HEIDRUN/HURRELMANN, KLAUS: Gewalt macht Schule. Wie gehen wir mit aggressiven Kindern um? München 1994

CIHAK, MARY K./HERON, BARBARA JACKSON: Games Children Should Play. Glenview, Illinois 1980

COOVER, VIRGINIA/DEACON, ELLEN/ESSER, CHARLES/MOORE, CHRISTOPHER: Resource Manual for a Living Revolution. Philadelphia 1978

CRANE, MARY: Vergewaltigungen vermeiden und entgegentreten. Ein gewaltfreier Ansatz. In: Gewaltfreie Aktion 93/94, 24. Jg., 3. und 4. Quartal 1992, S. 28–41

CREIGHTON, ALLAN/KIVEL, PAUL: Die Gewalt stoppen. Ein Praxishandbuch für die Arbeit mit Jugendlichen. Mühlheim/Ruhr 1993

FISHER, ROGER/URY, WILLIAM: Das Harvard Konzept. Frankfurt/M. 1988

GALTUNG, JOHAN: Strukturelle Gewalt. Reinbek 1975

GLASL, FRIEDRICH: Konfliktmanagement. Bern/Stuttgart 1990

GORDON, THOMAS: Lehrer-Schüler-Konferenz. Wie man Konflikte in der Schule löst. Hamburg 1977

GUGEL, GÜNTHER: Umgang mit Aggression und Gewalt. Ansätze und Modelle. In: Puzzle – Zeitschrift für Friedenspädagogik, Nr. 1, März 1994, 3. Jg., S. 13–19

HAGEDORN, ORTRUD: Konfliktlotsen. Lehrer und Schüler lernen die Vermittlung im Konflikt. Stuttgart 1995

HARTMANN, JUTTA/RATZ, BEATE: „Mädchen – sicher, stark und selbstbewußt!". Erfahrungsbericht eines Projekts mit Mädchen einer 8. Klasse Gesamtschule Berlin. In: Pädagogisches Zentrum Berlin: Tatort Schule: Sexistischer Alltag. Dokumentation der Berliner Tagung vom 14./15.2.1992. Berlin 1992, S. 48–53

HENRIQUEZ, MANTI/HOMBERG, MEG/SADALLA, GAIL: Conflict Resolution: A Secondary School Curriculum. San Francisco: Community Board Program, Inc. 1987

HIELSCHER, HANS (Hrsg.): Du und ich – ihr und wir. Heinsberg 1987

HIELSCHER, HANS: Spielen mit Eltern. Heinsberg 1984

HORSTINK, HAN: Ohne Gewalt gegen Gewaltkriminalität. Selbstverteidigung mit oder ohne Gewalt? In: Gewaltfreie Aktion 91/92, 24. Jg., 1. und 2. Quartal 1992, S. 27–47

JÄGER, ULI: Rechtsextremismus und Gewalt. Tübingen 1993

JEFFREYS, KARIN/NOACK, UTE: Informationen zur Schulberatung, Heft 17: Förderung von Konfliktfähigkeit. Ein Programm für die Klassen eins bis acht. Heft 18: Ein Streit-Schlichter-Programm für Schülerinnen und Schüler. Soest: Landesinstitut für Schule und Weiterbildung, 1993

JEFFREYS, KARIN/NOACK, UTE: Streiten – Vermitteln – Lösen. Lichtenau 1995

KINGSTON FRIENDS WORKSHOP GROUP: Introduction to Mediation. Kingston upon Thames 1991

KINGSTON FRIENDS WORKSHOP GROUP: Ways and Means. An approach to problem solving. Kingston upon Thames 1985

KORTE, JOCHEN: Faustrecht auf dem Schulhof. Weinheim und Basel 1993

KORTE, JOCHEN: Lernziel Friedfertigkeit. Weinheim und Basel 1994

KREIDLER, WILLIAM J.: Creative Conflict Resolution. Glenview, Illinois 1984

KRIMINALPOLIZEILICHE BERATUNGSSTELLE BERLIN: Vermeidungsverhalten fördern! Grundsatzposition zu Abwehrwaffen und -geräten, Juli 1992. In: Gewaltfreie Aktion 95/96, 25. Jg., 1. und 2. Quartal 1993, S. 51–53

MASHEDER, MILDRED: Let's play together. London 1989

MEBES, MARION: Stück für Stück. Berlin 1988 (Spiel, zu bestellen über Donna Vita Fachhandel, Rohnmark 11, 24975 Maasbüll)

MELZER, WOLFGANG u. a. (Hrsg.): Gewaltlösungen. Seelze 1995

MICKLEY, ANGELA: Mediation in Schulen. Respekt für die Streitenden in der Konfliktberatung. In: Spreiter, Michael (Hrsg.): Waffenstillstand im Klassenzimmer. Weinheim und Basel 1993, S. 252–279

MÜCKE, THOMAS: Wie kann ich mich vor Gewalt schützen? Erfahrungen eines Streetworkers. In: Gewaltfreie Aktion 91/92, 24. Jg., 1. und 2. Quartal 1992, S. 48–50

OLWEUS, DAN: Gewalt in der Schule. Was Lehrer und Eltern wissen sollten – und tun können. Bern 1995

PRUTZMAN, PRISCILLA/STERN, LEE/BURGER, M. LEONARD/BODENHAMER, GRETCHEN: The Friendly Classroom for a Small Planet. Philadelphia 1988 (Übersetzung erhältlich bei: Weber, Zucht & Co., Steinbruchweg 14, 34123 Kassel, Tel. 05 61 - 51 91 94)

SCHNACK, DIETER/NEUTZLING, RAINER: Kleine Helden in Not. Jungen auf der Suche nach Männlichkeit. Reinbek bei Hamburg 1991

SPENDER, DALE: Frauen kommen nicht vor. Sexismus im Bildungswesen. Frankfurt/M. 1985

STANZEL, GABRIELE: Mädchen und Jungen. Verändertes Rollenverhalten als gesellschaftspolitisches Lernziel in der Grundschule. In: Enders-Dragässer, Uta/Stanzel, Gabriele: Frauen Macht Schule. Frankfurt/M. 1986

VALTIN, RENATE/PORTMANN, ROSEMARIE: Gewalt und Aggression: Herausforderungen für die Grundschule. Frankfurt/Main 1995

WALKER, JAMIE: Gewalt und Konfliktlösung in Schulen. Brüssel 1989

WALKER, JAMIE: Gewaltfreie Konfliktlösung an der Schule. In: Senatsverwaltung für Arbeit und Frauen: Gewalt gegen Mädchen an Schulen, Berlin 1993

WALKER, JAMIE: Gewaltfreie Konfliktaustragung lernen – aber wie? Erfahrungen an einer Grundschule in Berlin-Kreuzberg. In: Spreiter, Michael (Hrsg.): Waffenstillstand im Klassenzimmer. Weinheim und Basel 1993, S. 208–251

Verzeichnis der Spiele und Übungen

Fundgruben für Ihren Unterricht

Nachschlagewerke für jeden Tag

Willy Meersmann (Hrsg.)
**Die Fundgrube für den
Erdkunde-Unterricht**
Das Nachschlagewerk für jeden Tag
1998. 272 Seiten mit vielen Abb.,
Paperback
ISBN 3-589-21130-X

Michael Gressmann / Wolfgang Mathea
**Die Fundgrube für den
Physik-Unterricht**
Das Nachschlagewerk für jeden Tag
1996. 216 Seiten mit über 200 Abb.,
Paperback
ISBN 3-589- 21078-8

Michael Gressmann
**Die Fundgrube für
Vertretungsstunden in der
Sekundarstufe I**
4., überarbeitete Auflage 1997.
200 Seiten mit Kopiervorlagen
Paperback
ISBN 3-589-21028-1

Michael Gressmann
**Die 2. Fundgrube für
Vertretungsstunden
in der Sekundarstufe I**
1998. 216 Seiten, Paperback
ISBN 3-589-21140-7

David Clarke / Ingrid Preedy
**Die Fundgrube für den
Englisch-Unterricht**
6. Auflage 1996. 328 Seiten mit
Abb., Paperback
ISBN 3-589-20899-6

David Clarke / Peter Oldham /
Ingrid Preedy
**Die 2. Fundgrube für den
Englisch-Unterricht**
1996. 288 Seiten, Paperback
ISBN 3-589-21082-6

Gerd Brenner (Hrsg.)
**Die Fundgrube für den
Deutsch-Unterricht ab Klasse 5**
1995. 304 Seiten mit Abb.,
Paperback
ISBN 3-589-21054-0

Harald Parigger (Hrsg.)
**Die Fundgrube für den
Geschichts-Unterricht**
1996. 336 Seiten mit vielen Abb. u.
Kopiervorlagen, Paperback
ISBN 3-589-21062-1

**Cornelsen Verlag
Scriptor**

Fragen Sie bitte
in Ihrer Buchhandlung!